写真でわかる

ファンクショナルトレーニング

マイケル・ボイル著　中村千秋監訳
Michael Boyle

大修館書店

Functional training for sports

by

Michael Boyle

Japanese translation rights arranged with Human Kinetics Publishers, Inc.
through Japan UNI Agency, Inc., Tokyo.

To Cindy and Michaela

for allowing me to fall in love twice.

はじめに

近年，ファンクショナルトレーニングへの関心が高まってきているなかで，さまざまな人に読んでもらえるシンプルなテキストを執筆・出版する必要性を感じてきた。さらには，コーチ，アスリート，パーソナルトレーナー，アスレティック・トレーナー，理学療法士，あるいは子どもを持つ親などを含めた多様な人に，ファンクショナルトレーニングをよりわかりやすく，かつ読みやすい本とする必要性も認識していた。そのため，本書では難解な用語を極力避け，さまざまなレベルの人に内容をわかりやすく説明している。ファンクショナルトレーニングとはある目的を持ったシステムとエクササイズを用い，より高いレベルでスポーツへの準備状態を作り出すためのものである。これは最新の科学研究だけでなく，20年以上にわたる私の経験と数千ものワークアウトから成り立つシステムであり，より高い準備状態を可能にする。ファンクショナルトレーニングによって，単に肉体を大きくするだけではなく，障害を減らし，かつパフォーマンスの向上も期待できる。とくに，エクササイズの難度を徐々に上げること（プログレッション）でファンクショナルトレーニングは障害発生の可能性を低下させ，同時にパフォーマンスの向上をもたらす。これらは一時的な傾向や流行ではけっしてなく，リハビリテーションやトレーニングに関する知識の蓄積の結果である。ファンクショナルトレーニングはパフォーマンスの向上を扱う分野における将来像でもある。

ファンクショナルトレーニングは，スポーツのスキルを改善する意図でストレングスを高めるが，よりいっそう力強くなるためにストレングスを高めることはしない。美的感覚のためにサイズを大きくするのではなく，サイズが大きいことで利益が得られるから大きくするのである。また，多くのコーチがストレングスの強さを称賛し，最大挙上重量の大きさを自慢するが，実際にはその強さの価値は，それが機能的であるかどうかで評価しなければならない。多くの人が外見をよくするためにトレーニングをするが，ファンクショナルトレーニングでは外見はパフォーマンス向上トレーニングの副産物と考えている。

残念ながら，ファンクショナルトレーニングに関する多くの記事や本は，ハイレベルなコーチたちがハイレベルなコーチのために書かれている。これらはハイレベルなコーチにとってはとても役に立つかもしれないが，一般の人たちにとってはファンクショナルトレーニングを理解する助けにはならない。本書はウォームアップで始まり，ストレングスの向上からスポーツコンディショニングという分野を読みやすく，わかりやすいフォーマットで仕上げている。また，高校レベルのコーチやアスレティックトレーナーにわかる言葉で書いている。さらに，ここにある情報は理学療法士にとっても役に立つとともに，アスリートや彼らの両親が読んでもわかるくらいシンプルに書いている。

本書はシンプルに構成している。最初の章では，ファンクショナルトレーニングの発展に関する背景や理論的根拠について説明している。次の章では，体の部位別にファンクショナルトレーニングプログラムを書いている。また，下肢，体幹，上肢のファンクショナルトレーニングに加え，プライオメトリックトレーニングやオリンピックリフティングについても書いている。言葉で説明するより図解の方がわかりやすいため，ファンクショナルトレーニングのエクササイズのキーとなるポジショニングなどの写真を載せている。

最後の章では，それまでの章で紹介したエクササイズを取り入れた詳しいプログラムを解説している。また，これらのプログラムをスポーツ別に分けるだけでなく，トレーニングの時期（インシーズン，オフシーズン）や日数（ツーデイ，スリーデイ，フォーデイプログラム）でも分けて説明している。最後の章だけでも高校や大学のコーチや選手にとっては十分に価値がある。ここにはインシーズン，オフシーズンでできる低コストでしかも十分な効果が得られるプログラムもサンプルとして示している。

本書では，難しい解剖学的・生理学的説明は，必要でないかぎり意図的に避けている。また，解剖学的・生理学的説明が必要な箇所では，説明を簡易にしたり図で示したりしている。本書の目的は，読者が混乱なく学べるようにすることにあるので，エクササイズのプログレッションをシンプルなものからより複雑なものへと部位別に示した。

本書さえあれば，トータルボディートレーニングをすることができる。ウォームアップからパワーの改善，そしてストレングスの向上までを簡単でわかりやすいフォーマットで説明しているが，エクササイズのプログレッションは正しいスキルをマスターしてから行うことが基本となる。つねに大事なのはスキルをマスターすることである。トレーニング期間は，能力に関係なく３週間よりも短いことは絶対にありえない。

本書は，一般のために初めて書かれたファンクショナルトレーニングの本として画期的なものである。プレゼンテーションや文章表現でもっとも難しいことは，複雑な話題を単純に見せることであるが，本書はそれを見事に実現していると思っている。

本書は，初心者でもわかりやすく学べるように書いているが，かと言って経験豊かなコーチやアスレティック・トレーナーにとって価値がないというわけではない。選手もコーチも，本書を読み，書かれているプログラムとプログレッションに従うならば，パフォーマンスの向上を期待できる。

加えて，選手は自分の強さと弱点をより客観的に評価することができ，長期間にわたって自分の利益となる行動がとれるようになる。本書はトレーニングに対してのパッチワーク的な仕掛けはいっさい提供していないが，組織的なトレーニングシステムを示すことで読者に多大な貢献をするであろう。

謝　辞

私に多大な影響を与え，人生を喜びに溢れたものとしてくれた人たちに，感謝の意を表す機会を持てることはこの上ない幸せである。私は“トレーニングユートピア”において仕事をする機会に恵まれてきた。一緒に働いてきた仲間はお互いのことを理解し，愛し，そして共に前進しながらルールを確立してきた。

本書の出版は20年以上にわたってコーチとアスリートがお互いに影響を及ぼし合ってきた結果である。私の感謝の気持ちは個人名を本文中に記すことで表したが，ここにおいても可能なかぎり個人名をあげて謝意を表したい。

はじめに，私が本書の執筆中にもっとも思いをはせた人たちにお礼を言いたい。私の両親であるArthur BoyleとPeg Boyleは私に書物を与え，本の読み方を教えてくれた。中学校の英語教師であるMs. Bothwellからは幸いにも２年間にわたって書き方の技術を教わったが，それはコーチを始めたころは必要だとも思わなかった。

加えて，他の多くの“師”に感謝したい。彼らの多くは私に何を成すべきかを教えてくれたり，または私が目標とすべき人物そのものであったりした。彼らとは，Jack Parker, Mike Woicek, Vern Gambetta, Johnny Parker, Mimi Murray, Charlie Redmond, そして他の多くの人たちである。アイデアを授けてくれた仲間であるMark Verstegen, Al Vermeil, Mike Clark, およびDaryl Etoに深謝する。

Perform BetterのChris Porierは私の才能を見出し，人前で話すことを勧めてそれを可能にしてくれた。Chrisこそが私がこの本を執筆すべき専門家であり，その資格があると信じてくれた人物である。

私と共に働いている人たちにも感謝したい。Walter Norton, Jr.は私が一緒に働いたことのあるコーチの中でももっともすばらしいコーチであり，Bob Hansonの仕事ぶりによって，時折正常ではいられなくなるビジネスの世界で何とかまともに仕事を続けることができた。Ed Lippie, Ed Mantie, Tricia Quagrello, そしてKeren Woodは過去５年間にわたって私たちのビジネスをサポートし発展させてきた。何事も彼らなくしては不可能であったに違いない。Steve Bunker, Kristen McCormick, Keri Herbert, Tricia Dunn, Katie King, そしてMichelle Sturgeonは私たちが日々成長していくのを助けてくれた。

Reebokの方々にも感謝したい。Steve Galloはアドバイザーであり友人である。Kathy O' ConnellとMichelle Pytkoは本書に使用する写真撮影に尽力してくれた。Gary Landは才能豊かなだけでなく，一緒に仕事をするのが楽しくなるような人物である。彼の写真には多くの説明を加える必要がなく，それによって本書がよりすばらしいものとなった。本書で登場するReebokモデルであるRico WesleyとUmi Leeは正しいデモンストレーションを見せてくれた。

出版社であるHuman Kineticsの方々は，日頃私がやりたいと思っていて，しかしけっして１人では実現できなかったことに関して提言をしてくれた。Ed McNeelyは出版全般にわたって，そしてLaura Hamblyは編集者として私を助けてくれた。

最後になったが，この業界では並ぶもののないほどにすばらしい環境において，私たちがやってみたいと考えることのすべてをやらせてくれた，中学生からプロフェッショナルに至る数千人ものアスリートたちに心より感謝したい。

訳者まえがき

“ファンクショナル”という言葉をスポーツやトレーニング，そしてリハビリテーションの世界で耳にするようになって久しい。“ファンクショナル”とはもちろん“機能的”という意味であるが，私はグラウンドやコートにおいてコーチの指導のもとで行われるトレーニングや，病院において理学療法士によって実施されるリハビリテーションエクササイズはファンクショナルであることが当然であるから，ことさらさまざまなものに“ファンクショナル”とつけなくてもよいのではないかと感じていた。しかし，実際に，競技の特異性を考慮したトレーニングプログラムを作成したり，受傷後のアスリートをリコンディショニング（アスレティック・リハビリテーション）したりするにあたって，キーとなる概念や用語が“ファンクショナル”であり，わざわざこの言葉を使うことには意味があると確信するに至った。

ご多分に洩れず，私もアスレティック・トレーナーとして仕事を始めた当初は，「マッスル絶対主義者」の１人であり，誤解を恐れずに表現するならば「マッスル＞ファンクション」でもあった。しかし，経験と学習を重ねるに従って巷に溢れている“ファンクション”の大切さを身にしみて実感するようになった。そのようななか，2005年のNATA年次総会において本書を手に入れて早速読んでみたところ，本書が「まさに必要とされていた本」であると感じ，翻訳出版を決意した次第である。フィールドでのトレーニングにおいては一般的体力をいかに競技の特異性にまで昇華させるか，そしてリコンディショニングにおいては，築き上げてきた土台をいかに実践で耐えうるものにまで高めるのかといういわゆる「ミッシングリンク」を埋めるものとして本書が役に立つことは必至である。

本書の特徴は，平易な用語で解説されていること，わかりやすい写真解説がついていること，部位別にトレーニングが紹介されていること，処方のプログレッションが明確であること，初心者からプロアスリートにいたるすべての人に適用できること，トレーニングのみならずリコンディショニングにおいても応用できること，そして何と言ってもこれまでの私たちの「トレーニング」の概念に変革をもたらすことである。また，実は多くの指導者やアスリートが何十年も前から実践してきたエクササイズの内容が，本書の著者であるマイケル・ボイルの実践経験と研究によって裏打ちされた力量によって，初めてこのような形の書物としてまとめられ得たことも特徴の１つである。

翻訳にあたってはトライ・ワークス所属のアスレティック・トレーナーを中心に分担をお願いした。いずれの翻訳者も，忙しい現場業務の合間を縫って翻訳に協力してくださった。この場をお借りしてお礼を申し上げる。また，文章のタイプアウトやチェックにはトライ・ワークスの松本真理恵さんに多大なる尽力をいただいた。深謝する次第である。

最後になったが，本書の翻訳にあたって仕事の遅い私を最後まで激励し続けてくださり，ついには出版を現実ものとしてくださった，大修館書店の山川雅弘さんに深くお礼申し上げる。

本書をすべてのアスリート，コーチ，ストレングス＆コンディショニングスペシャリスト，理学療法士，そしてアスレティック・トレーナーにお読みいただくことを切に願う次第である。

2007年５月

監訳者　中村千秋 ATC

目　次

1

Functional training for sports

ファンクショナルトレーニングをプログラムに取り入れる

ファンクション（機能）の獲得こそがトレーニングの目的であり，ファンクショナルトレーニングは，そのために意図されたトレーニングであるといえる。選手やコーチは，ファンクショナルトレーニングには“競技特異性”があり，トレーニングで適用される動きや動作パターンはそれぞれの競技に特有なものであるととらえている。しかし，実際にはほとんどのスポーツでの動きは，相違性よりもむしろ類似性の方が強く，そのためファンクショナルトレーニングは“競技一般性”のトレーニングであると考えられるようになってきた。スプリントやキック，ジャンプ，左右への方向転換の動きなどは多くのスポーツに応用できる一般的なスキルである。つまり，ファンクショナルトレーニングはスポーツにおける類似性を見いだし，それらを強化するトレーニングといえる。

この定義をさらに明確にしていこう。まずは，座ったままプレーするスポーツはいくつあるだろうか。ボートなど，思いあたるスポーツの数は少なく，坐位で行うトレーニングはそれほど機能的であるとはいえない。また，外部から安定性が確保されるような環境で行われるスポーツはどれだけあるだろうか。答えはゼロである。ほとんどのスポーツはフィールドかコート上で行われ，選手自身が安定性を維持しながらプレーしている。このような意味からすると，マシントレーニングはマシンそのものによって負荷の安定性が保たれており，機能的とはいえない。よくマシントレーニングは安全であるといわれているが，それに対する代償が払われているのである。トレーニング中でのけがの発生が少ない反面，固有受容器からの入力情報（身体の位置や動きに関する感覚的情報のフィードバック）や安定性は低下し，競技中に起こるけがの危険性を高める要因となり得るのである。

次に，単関節運動のみで行われるスポーツはいくつあるだろうか。これも答えはゼロである。ファンクショナルトレーニングは多関節運動にできるかぎり焦点を絞っている。ファンクショナルトレーニングの専門家として知られているVern Gambetta〔ヴァーン・ガンベッタ〕とGary Gray〔ゲリー・グレイ〕は，「特定の筋のみを強化する単関節運動はとても機能的とはいえない。それに対し，多くの筋群を動作パターンに統合していく多関節運動は機能的である」と述べている（Gambetta and Gray, 2002）。ストレングスやコンディショニングコーチの究極の目標は，けがの発生を減らすことである。トレーニング中のけがを減少させるシステムを作り上げたとしても，競技中のけがが減少しなければ意味がない。

ファンクショナルトレーニングでもっとも重要なことは，足が地面に着いた状態でマシンの補助を借りずに行うエクササイズということではなく，意図があり，道理にかなったトレーニングをするということである。ファンクショナルトレーニングは競技参加に向けての準備である。よってトレーニングはスピードや筋力，パワーの改善，パフォーマンスの向上，けがの発生率の低下を目的として考案される。

ファンクショナルトレーニングでは自体重を負荷として用い，かつ競技で必要とされる体勢で行うため，単純な動作でも自体重をどのようにコントロールすればよいかがわかるようになる。さらに，バランスや固有受容器（空間における身体の位置関係の感知など）への刺激が，トレーニングの中に意図的に組み込まれている。Gambetta（ガンベッタ）とGray（グレイ）は，「ファンクショナルトレーニングのプログラムには，コントロールできる範囲の不安定な環境を導入し，選手が選手自身のバランスを取り戻すために反応しなければならないような環境が必要である」と述べている（2002, 第8章）。トレーニングは，バランスが要求される片足での動きから，さらに不安定な環境での動きへと徐々に移行していく。天然芝，人工芝，あるいは氷上などでは安定性は悪いので，不安定な環境下で力を発揮できる能力はさまざまな能力の中でももっとも高いレベルにあるといえる。

ファンクショナルトレーニングにはバランストレーニングが含まれるが，これはトレーニング全体のバランスもとるシステムともいえる。

“ファンクショナル” はハイパフォーマンスのキーである。

そのことはスクワットやランジ，あるいはプッシュやプルといった動作により特徴づけられている。トレーニングは，全方向への動きの中で自体重をコントロールすることを選手に教えるエクササイズの連続体といえる。専門家は，ファンクショナルトレーニングは“動き”のトレーニングであり，“筋”の強化ではないことを強調している。つまり，特定の動作によって筋力を過剰に発達させるのではなく，プッシュとプル，膝関節優位の股関節伸展（大腿四頭筋と殿筋），そして股関節優位の股関節伸展（ハムストリングと殿筋）におけるバランスを獲得することが重要なのである。

実際のスポーツ場面では，予想以上の負荷がかかる。

ファンクショナルトレーニングの科学的背景

ファンクショナルトレーニングの概念を正確にとらえるには，動きを説明づける新しいパラダイム（理論的枠組み）を受け入れる必要がある。この新しいパラダイムは，1990年代にチェーンリアクションというセミナーで，理学療法士のGary Gray（ゲリー・グレイ）によって初めて紹介された。Gray（グレイ）は屈曲，伸展，内転，外転といった古くから用いられてきた動きの定義ではなく，キネティックチェーンという新しい概念をもとに筋機能を理解するよう奨励した。解剖学では単関節における筋の働きについては学ぶが，実際の歩行で使われる筋の働きについては触れられない。それに比べ，キネティックチェーンの概念は，動きを起こすために協働している関節と筋の相互関係を説明しているのである。

Gray（グレイ）によると，歩行時の下肢の機能とは簡単にいえば次の通りである。足部が接地する際に地面に倒れ込むのを防ぐため，体幹から下にある筋（殿筋，大腿四頭筋，ハムストリングス）すべてが足関節，膝関節，および股関節が曲がらないように働く。つまり下肢の筋すべてが同じ機能を有しており，足関節，膝関節，股関節の屈曲運動が減速するように機能しているのである。着地動作において，大腿四頭筋は膝関節の伸展筋として働いているのではなく，膝が屈曲しないようエキセントリック（伸張性）に収縮している。また，ハムストリングは膝関節の屈曲筋ではなく，実際には，膝関節と股関節が屈曲しないように働いている。たとえばランニングの接地期では，下肢のすべての筋は動きを引き起こすのではなく，止めるために協働している。つまり，エキセントリックに収縮し，足関節，膝関節，股関節の屈曲を減速させているのである。

足部が接地して下肢関節の屈曲運動が減速した後，下肢筋は再び１つのシステムとして働き，今度は下肢関節の伸展運動を開始する。実のところ，大腿四頭筋は膝関節を伸展させるだけでなく，足関節底屈と股関節伸展をも補助している。すべての筋は前半で動きを止めるためにエキセントリックに働き，その後すぐ，今度は動きを起こすためにコンセントリックに働いているのである。下肢の伸展運動が行われるとき，歩行やランニングでは使われることのない筋の機能や神経系の働きが動員される。

定義によれば，“オープンキネティックチェーン”で筋活動を起こしていることになる。オープンキネティックチェーンとは足部が地面あるいは安定した台に接地していない状態をいう。筋を実際の使われ方と同様にエクササイズするには，“クローズドキネティックチェーン”で足部が接地した状態で筋活動を起こさせる必要がある。したがって下肢に関していうと，“オープンキネティックチェーン”あるいは“単関節”での運動は，“非機能的”とほぼ同義と考えられる。

ファンクショナルについての議論

ここ10年間で，より機能的なトレーニングを求める流れへと変化した。この流れはまず理学療法士によって始まり，その後トレーニングコーチやパーソナルトレーナーがファンクショナルトレーニングを徐々に現場に取り入れるようになった。さらに，トレーニング機器を扱う大規模な業者が“グランドベース”と呼ばれるマシンを紹介し，基本的なスクワットラックやウエイトベンチを製造し始めた頃，将来的にはファンクショナルトレーニングが主流となるだろうと考えられた。実際，トレーニングルームでは，経済的な面からもマシンの需要が低下している。

ところがここ２～３年で，ファンクショナルトレーニングについての議論が展開し始めた。ファンクショナル・パラドックス（矛盾）の始まりである。ファンクショナルトレーニングの第１人者らは，トレーニングは立位，かつ多関節運動であるべきだと伝えている。だが驚いたことに，ファンクショナルトレーニングと勘違いして非機能的なエクササイズを採用したコーチがおり，トレーニングの現場で混乱を招いてしまった。その理由は実に単純なことである。個々の関節で機能性に違いがある。よって，安定性が要求される関節の機能を促進するエクササイズは，可動性獲得を目的とする関節の機能を促進するエクササイズとは異なるのである。特定の筋や筋群の主要な機能は安定性の維持であり，狭い可動範囲での簡単なエクササイズによって，さらに高い安定性へと強化できる。多くの場合，すべての動きを機能的にしようとするあまり，トレーニングコーチと選手は安定性という重要な機能を無視する結果となった。

スタビリティトレーニングで必要な３つの重

要な筋群を次にあげる。

①腹部深層筋（腹横筋と内腹斜筋）
②股関節外転筋と回旋筋
③肩甲骨周囲筋

多くのコーチは，それらの部位のエクササイズをリハビリテーションや術前トレーニングとして位置づけていたが，実は別の形でのファンクショナルトレーニングなのである。足関節，膝関節，股関節の運動機能は，股関節が高い安定性を発揮したときに最大限に高められる。選手の中には股関節の安定性を向上させるために，まず正しい筋活動を起こさせる股関節外転エクササイズが必要となるかもしれない。アリゾナ州テンピにあるAthletes' Performance（アスリート・パフォーマンス）のパフォーマンストレーニングの専門家であるMark Verstegen（マーク・バーステーゲン）は，この考え方を“isolation for innervation（神経促通を高めるために他の筋と分離して強化する）”と呼んでいる。場合によって特定の筋群，とくに腹部深層筋，股関節外転筋，肩甲骨周囲筋などは，機能を改善するために単独で強化する必要があるということである。したがって，明らかに非機能的な単関節運動も実は下肢全体の機能性を改善している可能性もあり，このことはファンクショナルトレーニング・パラドックスのひとつである。

また，肩関節の機能は肩甲骨周囲筋の機能改善により促進される。選手の多くはローテーターカフのエクササイズは行うが，肩甲骨周囲筋の強化はそれほど行っていない。ところが，ローテーターカフの強さに対して肩甲骨周囲筋が十分でないと，カヌーから大砲を放つようなもので，安定感に欠ける。私が所属するトレーニング施設でも，ほとんどの選手はローテーターカフの筋力は十分だが，肩甲骨の筋力と安定性は不十分だった。そのため結果的に，非機能的とみられる肩甲骨周囲筋のエクササイズを頻繁に取り入れるようになったが，その部位の強化は肩関節の長期的な機能に不可欠なのである。

そして今度は，その考え方を理学療法士は体幹の安定性改善に導入している。腰部の安定性を改善するための腹部筋強化は新しい概念とはいえないが，こういった特殊な方法論は日々急速に変化している。オーストラリアの研究者らは，腰痛が起こった後，脊椎の安定性に寄与する深層筋である腹横筋と多裂筋に萎縮がみられることを明白に論証し，それらの筋を再びトレーニングしなければ腰痛の再発は継続すると予測している。そのため，腰椎の機能を改善するにはターゲットとする筋を分離し，簡単で，可動範囲の狭い収縮動作によって腹部深層筋を強化する必要がある。

正しいファンクショナルトレーニングのプログラムを作成するための鍵は，特別な方法をあまり適用しないことである。ほとんどのエクササイズを立位での多関節運動で行うと同時に，安定性に必要な股関節，体幹および肩関節後方の筋群を強化することも忘れないようにする。

次にあげるパラドックスは，スポーツに特有な体勢での多面性の運動を中心に展開する。ファンクショナルトレーニングには，ストレングスやコンディショニングコーチにとってはあまり望ましくない，屈曲した体勢や足の位置での負荷（たとえばダンベルやウエイトベストなど）を用いたエクササイズが取り入れられている。選手は競技中，あらゆる体勢でプレーすることが多いが，そのような体勢に対して負荷をどこまでかけてよいかをコーチは見極めなくてはならない。たとえば野球選手は守備の動作時によく腰部を屈曲させてしゃがむが，屈曲位で負荷をかけたスクワット動作をするのは賢明ではない。

では，トレーニングが安全かどうかはどこで分かれるのか。私たちの見解は次の通りである。「この動作は常にスポーツ中にみられる」という論拠は，ウエイトルームでリスクを負いながらトレーニングするには不十分である。

よって，もし筋力強化のトレーニング（反復回数6回それ以下）を行っているのならば，腰部をけがの危険にさらしてまでエクササイズの動きを競技特異性に近づけることはしない。筋持久性のトレーニング（反復回数10回かそれ以上）であれば，腰部屈曲位の状態でウエイトベストやダンベルなどで負荷をかけたエクササイズをたまにはさせるかもしれない。

National Academy of Sports Medicine（NASM）の理学療法士であるMike Clark（マイク・クラーク）は，腰部屈曲位すなわち身体を前方に倒した体勢で行うエクササイズでは，負荷設定を体重の10%以下にするというガイドラインを提案している。これは選手にとって非常に良いガイドラインとなるが，体重の重い選手には負荷設定が重すぎるかもしれない。

スポーツのためのファンクショナルトレーニングの概念を探究する際は，選手が競技中どのように，そしてなぜそのように動くのか考えてみる。また，自動車でいえば馬力を高めるというよりも，燃費を改善するという考え方でトレーニングをとらえてみる。多くの選手，とくに野球，テニス，サッカー選手は，パフォーマンス改善という観点からとらえた筋力強化について十分に理解していなかったために，そのようなトレーニングをこれまで軽視してきた。選手からすればトレーニングが理にかなっていることが重要であり，よってコーチは選手にとって理にかなったトレーニングを作成しなくてはならない。スポーツ中にまったく起こらない動作に対するトレーニングプログラムは意味をなさない。トレーニングの最終的な目標は，選手を競技に対して万全の状態にすることである。このことは，それぞれのスポーツで使われる筋を同じように強化するエクササイズ，つまりファンクショナルトレーニングを適用することによってのみ達成できるのである。

2 Functional training for sports

スポーツの特異性を分析する

効果的なファンクショナルトレーニングのプログラムを作成する前に，スポーツに要求されていることを分析し，理解する必要がある。まず，そのスポーツはどのようなタイプか考えてみよう。ほとんどのスポーツは持久系，あるいはスピード・パワー系のどちらかのタイプに大別される。チームスポーツのほとんどすべてでスピードとパワーが要求される。また個人種目である器械体操やフィギュアスケート，テニスなどのラケット種目でも，スピードとパワーが要求される。次にトップアスリートとはどのような選手だろうか。すばらしい持久力または柔軟性を持った選手というのはほとんどあてはまらず，通常はもっとも効率的にパワーを発揮できる選手がトップアスリートといえる。そしてスピードとパワーが要求されるスポーツにおいては，スピードとアジリティが絶対条件となる。

1980年代初期，トップクラスの選手は，パフォーマンスを改善するためにアドバイスを求めるようになったが，残念ながら偏った分野の専門家に頼ってしまった。つまり，その専門家の大多数はスピードやパワーが必要な選手を扱った経験がほとんどない運動生理学者であった。多くの研究者は呼吸循環器系（持久系）の能力からスポーツのパフォーマンスを分析していたので，80年代では単純な論理を，次のような流れで応用していた。

①選手の持久系能力を測定
②測定結果を分析
③結論づけ

ところが，このような流れだけでは，スポーツにおけるパフォーマンスを改善するという複雑な課題に取り組むにはあまりに単純であった。結局，このアプローチには多くの課題が残されており，20年過ぎた今でもストレングスやトレーニングコーチはこのことに悩まされている。たとえば，トップレベルのアスリートの中にも低い最大酸素摂取量（$\dot{V}O_2max$）を示す選手は多くいるが，その理由の１つとして$\dot{V}O_2max$測定は普段，自転車でトレーニングを行わない選手が自転車エルゴメーターを漕ぐという単純な作業によってなされることがあげられる。こうして測定された$\dot{V}O_2max$の結果だけをみると，そのような選手は身体的能力に欠けていることになるため，この選手に対しては酸素摂取能力を改善することで，パフォーマンスも向上させられると考えられた。さらにその論拠として，$\dot{V}O_2max$が高まれば，長時間プレーすることや疲労からより早く回復することが可能になるに違いないということがあげられた。このことは科学に基づいた正当性があるようにみえる。しかしながら，このアプローチはスピードやパワーが求められる選手が必要としているものではない。その理由として，次のようなものがあげられる。

- 主に速筋線維の収縮により爆発的な動作を行う選手は，一般的に有酸素能力を測るテストでは低い結果を示す。これは新しい発見というわけではない。このようなパワー系選手のパフォーマンスの改善は，実は思っているほど簡単にはいかない。
- 断続的（間欠的）な動きが主に含まれるスポーツ（すなわちほとんどのチームスポーツ）の選手は，一定のペースで行う有酸素運動で必ずしもよい結果を出すとは限らない。測定を行う器具が自転車のように実際のトレーニングで用いるものでないと，とくにそのようになる。
- 一定のペースを維持したトレーニング，あるいは長距離トレーニングでスピードやパワー系選手の有酸素能力を改善することは，選手の生理学的特性を損なうことになりかねない。
- 一定のペースを維持したトレーニングの量が多くなると，パワー系選手はオーバーユースによる障害を引き起こしやすくなる。
- 有酸素能力を改善するために適用されている科学技術は，実は最大の敵である可能性がある。接地した状態での動きだけでなく，股関節の伸展運動にも欠けていることが多くの傷害発生の原因となっている。自転車競技選手であれば自転車に乗り，ボート選手であればボートを漕ぎ，速く走れるようになるには陸上で走り，ジャンプ力をつけたいのならばジャンプをしなくてはならないのである。

このように，選手の問題点をある側面からのみ評価していた運動生理学者もいた。単純な測定方法でトップアスリートを評価し，彼らの弱点を改善しようとしてはならない。弱点は見方を変えれば強みであり，弱点だと感じる箇所をむやみに改善しようとすると，強さの低下につながりかねない。

このことは，とくに経験の浅い指導者が陥りやすく，スピードとパワーがとくに重要なスポーツ種目では，全体的なフィットネスレベルではなく，スピードやパワーの質を高めることに集中すべきである。すなわち，競技の特異性を分析し，その結果を最大限に考慮しなくてはならない。

重要な要素の認識と改善

スピードトレーニングの専門家であるCharlie（チャーリー・）Francis（フランシス）は，1986年に『The Charlie Francis Training System』（2000年に『Training for Speed』と変更して再発行）を出版した。彼は著書でスプリンターの特性を説明し，そしてその特性をどのようにトレーニングしたらよいかを論じている。以来，この著書からの情報は私たちが利用しているプログラムデザインとその考え方の基礎となっている。Francis（フランシス）はオリンピックに出場したBen Johnson（ベン・ジョンソン）のコーチを務めたことがあり，結果的にはコーチとしての地位に傷がついたが，彼のこれまでの業績は軽視してはならない。カナダという国は地理的にスプリント競技を助長する環境ではないと考えられてきたが，彼は人口が少なく気温の低い国から世界記録保持者を輩出し，また彼が指導した選手はオリンピック大会や世界選手権，コモンウェルス競技大会で金メダルを獲得している。

Francis（フランシス）はスプリンターの育成について，速筋線維を遺伝的に決定されたレベルで維持するには13～17歳ぐらいから十分なパワー系トレーニングが必要だという，簡単で論理的な結論にたどり着いた。パワー系トレーニングによって移行性線維が速筋線維の特性へと変化するよう促進するのである。さらに，移行性線維が遅筋線維の特性に変化しないようにするには，持久系トレーニングを軽度から軽中度に制限しなければならないと著書で述べている（2000年）。

また，選手をスプリンターに仕上げることだけでなく，持久系トレーニングに集中しすぎるとスピードの発達に悪影響を及ぼす可能性があることも考慮しなければならない。逆にとれば，スプリンターを長距離選手にするのは簡単だともいえる。

スポーツを分析して選手のレベルを高める特性が何かを解明し，それらを改善するためにプログラムを作成することが鍵となる。レベルの高い選手を分析し，彼らの弱点を改善しようとする必要はない。長い間，コーチはパワー系選手の有酸素能力を改善しようと試み，そして結果的に酸素摂取量は高まったが，パフォーマンスに変化はみられなかった。また，トレーニングプログラムは，持続的なペースが不必要なスポーツでも，持続的なペースでプレーする能力が高められるよう作成されている。「サッカー選手は一試合で約10km走る」，「テニスの試合は2時間以上も続く」のだから，より早い回復には有酸素系システムが重要だということである。しかし，このようなことは問題ではない。問題なのは，どのくらいのスピードで，どのぐらいの時間で，である。テニスの試合では約2時間プレーしているが，そのうちスプリントと休息の比率はどのくらいだろうか。そして選手は持続的に動いているだろうか。有酸素トレーニングを推奨している者は，トレーニングをパフォーマンスの改善ではなく，回復能力を改善させる手段として提示している。しかし，本来の目的はパフォーマンス改善なのである。

サッカーの試合ではダッシュ，ジョグ，ウォ

© Human Kinetics

スピード，パワー，アジリティは，テニスのように加速と減速を繰り返すスポーツでは非常に重要である。

ークの一連の動作が２時間以上続く。だが選手であれば誰でも２時間で10km走れるであろうし，実際ほとんどの人が２時間で10km歩けるだろう。しかし，レベルの高いサッカー選手はこの２時間もの間，加速と減速の繰り返しを継続できるということが重要なのである。そこで考えてほしいのは，「サッカー選手のトレーニングをどのようにして行うのか」である。

サッカーやテニスのようなスポーツでは日頃からダッシュやトップスピードから減速する練習を行い，その能力を向上していかなければならないが，それが10kmのランニングで高められるかというとおそらく無理であろう。同様の理論が他のパワー系競技にも適用される。たとえばアメリカンフットボールの１回のプレーでの走行距離は平均して９ｍかそれ以下であり，また１回のプレーに対して５秒しかかからず，しかもプレーとプレーの間には40秒近い休息が入る。では，あなたがアメリカンフットボール選手のコンディション作りをするとしたら，どのような方法を用いるだろうか。おそらく30〜40秒間の休息を挟んだ短距離でのスプリントを選択するだろう。

それぞれのスポーツ，そしてすばらしい選手のプレーをよく観察し，共通の特徴を見つけ出す。これがスポーツを分析するということである。その際，選手の足りない部分に集中するのではなく，なぜすばらしい選手はすばらしいプレーができるのかということを考えるようにする。そして，たとえ常識から外れたとしても，目に映ることをそのまま受け入れないようにすることが大切である。

スポーツを分析するときは，次のような質問を自身に問いかけてみよう。

■ そのスポーツにはスプリントやジャンプ動作が要求されるか。もしそうであれば，下肢の筋力が不可欠である（とくに片足で行う種目）。
■ 試合時間あるいは１回のプレーはどのくらいかかるか（試合，セット，プレーにかかる時間やセット間，プレー間の休息の長さについて考えること）。
■ フィールド，アイスリンク，トラック，コートのどこで行われるか。
■ どのくらいの頻度でスプリントやジョグが行われるか。ジョグは長時間（５分以上）行われるか。もしそうでなければ，なぜトレーニングで行うのかを考えてみる。
■ スピードとパワーは，チームの中でトップから10％に入るくらいのレベルであるか。９ｍダッシュを男性では1.65秒以下，女性では1.85秒以下で走れるか。また，垂直跳びは男性では86cm以上，女性では64cm以上跳べるか。もしできなければ，まだまだスピードとパワーを使えていないことになる。

スピードとパワーはほとんどすべてのスポーツで必要とされる。パフォーマンスを改善するための鍵は，スピードとパワーを生み出す能力を高めることである。持久力は付加的なものであり，スピードとパワーを改善するのには時間がかかるが，有酸素的な体力を獲得するには数週間で可能であるとよくいわれている。本書を読み進めていく上でこのことを頭に入れておきながら，いま現在どのようなトレーニングをしているのか，さらに効率的にトレーニングをするにはどうしたらよいかを考えていくことが大切である。

Functional training for sports 3

ファンクションを評価する

１章で述べたように，ファンクショナルトレーニングは理にかなったトレーニングである。スポーツに必要な要素を分析した後，次のステップでは筋力の強さや弱さを評価する。ここではセルフアセスメント（自己評価）が行えるテストを紹介する。

解説者が「あの選手は非常にスピードがありすぎてボールを追い越してしまった」と言っているのを耳にすることがないように，筋力とスピードがありすぎるという選手はまれである。だが，筋力はスピードとパワーへつながる道である。ちなみにここでいう筋力とは，選手が使える機能的な筋力のことである。

機能的筋力を評価するには，スポーツで起こるような動きの中で身体に負荷（ほとんどの場合は自体重）をかけ，それに抵抗して動かなければならない。もっとも一般的な筋力テストは，平均値を利用した既定の重量で行われる。また，たとえばベンチプレスは上肢の筋力を測定するのに用いられるが，このテストを仰臥位で行うことに疑問を感じている機能的筋力に詳しい人もいる。仰臥位の体勢とは，ほとんどのスポーツにおいて競技中のパフォーマンスで何らかの失敗をしたことを意味する。アメリカンフットボールの選手が仰臥位にもかかわらず相手を押そうとするのに等しい。とはいえ，ファンクショナルなプログラムでベンチプレスは必要のない種目ということではなく，ベンチプレスは上肢の筋力を高めるために適用できる。ところがプッシュアップ，チンアップ，ディップなど自体重を利用した種目がきちんとできないのであれば，機能的な強さは大変に低いということになり，障害発生の原因となるだろう。

気をつけなければならないことがある。たとえば，ベンチプレスで160kgを持ち上げることができる選手は筋力が強いと思われるだろう。だが，もしその選手の体重が160kgだったとしたら自体重しか持ち上げられないことになる。表面上の数字にだまされてはいけない。選手は自体重を使ってファンクショナルエクササイズを行うことが大切である。

機能的筋力のトレーニングプログラムの一例として，まずはじめに絶対的な筋力を強化するためにベンチプレスやフロントスクワットを行い，その後に動きを通して機能的筋力を発達させるためにスタビリティボールでのプッシュアップやワンレッグスクワットに移行していく方法がある。ファンクショナルプログラムをさらに発展させようとするあまり，筋力向上のために50年以上も用いられてきた方法を突然やめることはない。一方，強化のみの目的で筋力を発達させようとしてはならない。ファンクショナルトレーニングの鍵となるのは，一般的な筋力を適当なレベルにまで高めること，そしてファンクショナルエクササイズでこの筋力をどこまで利用できるかということである。ストレングスやコンディショニングの分野では，コーチがあるひとつの信念に固執するあまり，選手にとって適切なトレーニングプログラムに反してしまうことが頻繁にある。選手をパワーリフターやオリンピックリフターにさせる必要はない。さまざまな分野からの知識を統合し，最適なトレーニングプログラムを提供することがコーチの目標である。

上肢の機能的筋力の評価

上肢の機能的筋力を評価するには，次にあげる３つの簡単なテストを行う。

図3.1　チンアップ

1．男性はプルアップを回外位のグリップで，女性はチンアップを回内位のグリップで最大回数行う。

肘関節は１回ごとに完全に伸展させ，肩甲骨は視覚的にわかるように外転させる（図3.1）。肘関節が完全に伸展していない，顎がバーまで上がらない場合は回数に含まない。プルアップを数多くこなせる選手の大半は，実際にはハーフでしか行っていない。プルアップやチンアップができない選手は機能的な強さが欠けており，とくに肩関節のローテーターカフに関する障害が起こりやすい。

プルアップとチンアップの平均回数を次に示した。これらは私たちが前述した正確な方法で多くの選手を測定した結果に基づいており，信頼性が高い数値である。チンアップを定期的に行っていない選手は，高校生の平均値に達するまでに１年かかる。改善するにはプルダウンは行わず，補助付きのチンアップやエキセントリックの筋収縮で行うチンアップ（10～20秒間かけてバーの位置からゆっくり降ろす）を行う（詳細は９章参照）。

プルアップとチンアップの平均回数　Pull-Ups and Chin-Ups

	男性（～102kg）	女性（～77kg）
世界レベル	25＋	15＋
国内レベル	20－25	10－15
大学レベル	15－20	5－10
高校レベル	10－15	3－ 5
NFLのラインマン	8－10	

2．インバーテッドローを最大回数行う

インバーテッドローはベンチプレスの逆の動きであり，引く動作で使われる肩甲骨内転筋や肩の筋が主に働く。

選手は足をベンチの上に乗せ，ベンチプレスを行うようにバーを握る。バーはスクワットラックにかけ，通常ベンチプレスを行うときの高さに設定する。身体全体をまっすぐに固定した状態から胸をバーに引きつけていき，体勢を変えずに胸をバーにつける。毎回，肘関節は完全伸展させ，身体が常にまっすぐな体勢をとっていることを確認する。胸がバーにつき，身体全体がまっすぐであるときだけ回数に数える（図3.2)。

インバーテッドローができない場合は上肢の筋力が十分ではないので，9章で説明しているローイングエクササイズのレベル1から始める。また上肢筋が不十分であると，ローテーターカフに関連した障害を起こす危険性が高い。このことはとくに競泳やテニス選手，ピッチャーやクオーターバックあるいは他の投球動作が含まれるスポーツの選手など，ローテーターカフにおける障害を受けやすい選手にとって重要である。

図3.2　インバーテッドロー

インバーテッドロー

	男性（～102kg）	女性（～77kg）
世界レベル	25＋	15＋
国内のレベル	20－25	10－15
大学レベル	15－20	5－10
高校レベル	10－15	3－ 5
NFLラインマン	8－10	

3．プッシュアップを最大回数行う

身体の大きな選手に対してはベンチプレスよりも正確なテストである。1回ごとに床に鼻をつけ，体幹はまっすぐに固定する。背中がまっすぐ維持できていない，鼻が床についていない，肘が完全に伸展していないような場合は回数に含めない。カウントしやすいようにメトロノームを1分間に50回のペースにセットして行う。選手はメトロノームに合わせ，1回目の音で身体を降ろし2回目で戻すペースを維持しながら1分間で25回行う。プッシュアップがそれ以上できなくなったかペースを維持できなくなったとき，そこで終了となる。

プッシュアップ

	男性（～102kg）	女性（～77kg）
世界レベル	50	35
国内レベル	42	27
大学レベル	35	20
高校レベル	25	12

下肢の機能的筋力の評価

下肢の機能的筋力を安全かつ正確に評価することは上肢に比べて非常に難しい。これは，安全で信頼性の高い測定方法が少ないためである。バランスマット上で行うワンレッグボックススクワット（p.64参照）が下肢の筋力テストでは一般的な方法である。しかし，この方法では正確には下肢の筋力のよいデモンストレーションにしかならない。ワンレッグボックススクワットは実際の筋力を評価するというよりは主にテストを体験し，学習課程の合否テストのようなものであるため，信頼性のあるテストではない。妥当性，信頼性そして安全性のすべてを備え，かつ簡単に測定できる下肢用のテストは存在しない。異なったタイプのワンレッグスクワットのパフォーマンスをもとに推定できるが，標準値は設定されていない。

これまでの経験より，機能的筋力が強いと思われる選手はトレーニングプログラムの7週目までに，5ポンド（2.25kg）のダンベルを持った状態でのワンレッグスクワットが5回できるようになることがわかった（図3.3）。ワンレッグスクワットに慣れていない選手であれば，ワンレッグスクワットに移行する前に3週間のスプリットスクワット（両側が床についた状態）と3週間のワンレッグベンチスクワット（後ろ足をベンチにかけた状態）で漸増していくとよい。

他のテスト方法も推奨されてはいるが，それらの妥当性や信頼性には疑いの余地がある。選手にテストで行うエクササイズを先に教えずに下肢の機能的筋力を安全に評価するのは不可能に近い。このような場合，潜在的なプラス要素よりも障害を負うリスクの方が高くなる。

かわりに両足での垂直跳びを用いて脚力を評価し，そして適切な強化プログラムを始めた後に，脚力を再び評価するという簡単な方法がある。垂直跳びは比較的安全であり，しかも平均値がたやすく利用できる。また，脚力の増加は少なくとも部分的に下肢の筋力増加に貢献しており，この測定は有効である。Just Jump System®やVertec®（いずれも商品名）といった測定器があり，各方法に特有の欠点があるものの垂直跳びを評価するのには素晴らしい測定器である（いずれもM-F Athletic Company, www.performbetter.comより購入可能）。Just Jump System®は滞空時間を測定し，それを距離に換算する測定器である。このテストでは跳躍と着地を同じ位置で行い，膝関節を引き上げたり曲げたりせずにつま先から着地する。これらすべての要素が測定値に影響するので気をつけなければならない。Vertec®は跳躍により到達した高さと，ジャンプした高さの両方が測定できる測定器である。到達した高さの測定は正確でなければならないため，私たちのトレーニング施設では両手と片手での到達点の両方を測定している。ここでは検者の一貫性とテスト方法の正確性が不可欠である。

図3.3　2.25kgのダンベルを持ってのワンレッグボックススクワット

両側垂直跳び（数値はcm表示）

	男性（～102kg）	女性（～77kg）
世界レベル	87.5＋	62.5＋
国内レベル	82.5－87.5	50　－62.5
大学レベル	62.5－75	50
高校レベル	55　－62.5	37.5－50

重要なのはどれだけ向上したかを評価するために測定を行っていることである。テストはプログラムの一部ではなく，またプログラムに含まれるべきではない。測定により何が必要とされているか，またどの部位に障害の危険性が隠されているかが明らかになる。テストの中には筋持久力の測定と解釈されかねない方法があり，トレーニングコーチの中にはこの種のテスト手順を批判する者もいる。確かにそうだが，テストはトレーニングプログラムではなく，トレーニングの効果を評価する方法であるということを再度強調しておく。テストから得られた測定値はトレーニングを進めていく上で，筋力の発達度の指標となるのである。たとえば，チンアップやプルアップの最大反復回数は，負荷をかけたプルアップを行う際の重量設定を決めるのに用いられる。1セット5回の場合，チンアップやプルアップできる回数に相当する重さで開始するよう指示されるが，この単純な方法は普段，適切に漸増されていない動きを発展させる。

具体的な例をあげると，プルアップを25回行える選手は1セット5回のプルアップを25ポンド（約11kg）の重量で始める。1セット3回の場合には，最大反復回数を1.5倍にした37ポンド（約17kg）の重量で行う。この方法によって，ある女性選手は1セット3回のプルアップを45ポンド（約20kg）でできるようになり，ある男性選手はチンアップを90ポンド以上（約40kg）でできるようになった。

機能的筋力を評価することはトレーニングプランを立案する上で重要なステップである。ここまででスポーツに必要とされる動きを理解し，おおまかな筋力レベルを把握し，できればファンクショナルトレーニングの理論が少しでもわかるようになっていてほしい。考え方としては，その競技の理にかなったプランを作成し，パフォーマンス向上と障害予防の鍵となる部位の筋力強化を行うことである。そして次のステップが，それをもとにプログラムを立案することである。

機能的筋力の評価には，テクニックが重要となる。確立された測定方法がないため，誇張された測定結果や信頼性のない数値が氾濫してしまっている。

著明な人類学者であるMargaret Mead（マーガレット ミード）の“What people say, what people do, and what they say they do are entirely different things.（人々が言うこと，人々がすること，そして彼らがしていると言っていることはすべて違うものである）”という言葉を胸に刻んでおくとよい。また，物事をきちんと実行する選手やコーチになること。測定の目的は見栄や周りによい印象を与えるためではなく，トレーニング効果を評価するためである。テストは厳しく正確に行うこと。そうすれば選手やチームメイトから尊敬されるようになるであろう。

4 プログラムデザイン

ファンクショナルトレーニングのプログラムをデザインするにあたっての次のステップは，プログラムデザインの基本的概念を理解することである。ここでは，その概念やプログラムで使用する道具や器具について説明する。また筋力の向上だけではなく，筋力とバランスや安定性との連携も重要であることを忘れてはいけない。

プログラムをデザインすることは楽しみでもあり，挑戦でもある。一方で膨大な情報量を前にやる気をそがれたり，混乱したりするだろう。まずは，２章を簡単に復習してみよう。

- ■そのスポーツはスピードやパワーが重要なスプリント系であるか
- ■頻繁にストップやスタートをするか
- ■プレーやストップ，方向変換，あるいは同じ動作がどのくらい続くか

ほぼすべてのチームスポーツがストップやスタートを頻繁に繰り返すスプリント系スポーツである。よって２～３週間の準備期間後のコンディショニングはほとんど，300ヤード（約274m）シャトルランのような主にストップやスタートが中心となる。スプリント関連のコンディショニングの基礎を発達させるために，準備期では早いテンポ走を行う。テンポ走はスプリントやジョグとは異なり，歩くことによる回復期が組み入れられ，そしてさまざまな距離（一般的に100ヤード：約91mか200ヤード：約183m）で構成される。私たちのトレーニング施設ではフットボール場の縦のラインをストライド（ジョグとスプリントの中間）で走り，横のラインを歩くようにしている。

サッカー，フィールドホッケー，ラクロス，バスケットボール，テニス，アイスホッケーはすべて，頻繁にストップとスタートを繰り返すスプリント系スポーツである。ゲームで実際に起こる動きを分析した後，エネルギーシステムやゲームの様式をまねようとする。多くのコーチは，ジョギングと速いスピードでのランニングとが混ざったファルトレクトレーニングを取り入れてきた。

ところが，私はファルトレクトレーニングでは簡単にごまかせないだろうと考えている。な

ぜならば，ファルトレクトレーニングは多くの選手にとって単なる長距離での有酸素運動となっているからである。選手にはどのくらい長く，そしてどのくらい速く走り，ランの間にどれだけレストをとればよいかを教える必要がある。ファルトレクでは選手は自分のペース（ほとんどの場合は遅いペース）で走ってもよく，またレストの長さ（ほとんどの場合は長いレスト）も自分でコントロールしてもよいという欠点がある。

プログラムデザインの原理

ファンクショナルエクササイズのプログラムを適切にデザインするためには，次の原理を念頭に置いておくことが大切である。

■はじめに基礎エクササイズを習得する

スタビリティボールやフォームローラー，AIREX（エアレックス）バランスパッドのような不安定な接地でのトレーニングを行う前に，まず基礎を身につける。エクササイズプログラムをよりファンクショナルなものにしようとして陥ってしまう最大の間違いは，スクワットのような基本的な動作ができていない選手が，不安定な接地での動作をしようとすることである。まずは，自体重負荷でのスクワット，適切な腕立て伏せ，適切な懸垂を学ぶ。そのときまではけっして推奨されている応用トレーニングをやらないようにする。

■簡単な体重負荷でのエクササイズから始める

筋力プログラムを失敗に終わらせてしまう最大の方法は，あまりに重い重量を挙上することである。もしも，体重負荷のみではうまく運動ができても，外部負荷を加えるともがきながら行うのであれば外部負荷が問題であり，負荷を減少させるか取り除く。また上半身のプルやローイングは体重負荷であってもできないことが多いため，その場合はマシンや弾性補助用具（ゴムバンドなど）を用いて行う。

■基礎から応用へと発展させる

たとえば片足でのエクササイズの場合，ワンレッグベンチスクワットのような難しい動きに挑戦する前に，スプリットスクワットのようなもっとも簡単な動きを習得することから始める。エクササイズはファンクショナルな発展の段階に従い，適切な時期に必要に応じて不安定な状況を加えるようにする。

体重負荷でのエクササイズにおけるプログレッション（発展）は単純であり，たとえば1週目は8回を3セットで始め，2週目は10回を3セット，3週目は12回を3セットとしていく。これは簡単な過負荷トレーニングである。もし回数を増やしたくないのであれば，外部負荷を増やす。

4週目以降からはより難しい動きへと進む。応用エクササイズでもプログレッションは同様の方法を用いるか，または基礎的なレジスタンスプログレッションを用いる。

初心者を強くするためのもっともよい方法は簡単で，負荷の漸増を行う。ある運動に対して1週間毎に2.5kgずつ負荷を加えると，結果として1年間では120kgもの増加することになる。選手はこのような負荷の向上を夢に見るが，現実にはほとんどの選手が停滞期に陥る。ところが，初心者であれば基礎的なレジスタンスプログレッションで，しばらくは能力を向上することが期待できる。

注意すべきことは，好き嫌いを基準とせずに，選手のために機能するプログラムをデザインすることである。コーチやトレーナーは無意識に独自の趣向に基づいたプログラムへと偏ってしまう傾向があるが，このような間違いは避けなければならない。

ファンクショナルトレーニング用具

多くのコーチや選手は，ファンクショナルトレーニングとはスタビリティボールを使用した簡単な運動だと考えているようであるが，これは真実とはまったく異なる。

ファンクショナルトレーニングは自体重という究極の用具から始める。選手は不安定性を付け加えることより，まずは自体重での技術を習得できなくてはならない。スタビリティボールのような不安定面でのトレーニングは安定筋によい刺激となるが，ほとんどの選手は安定面での運動を行うのに不可欠な安定性をまず始めに身につけ，それを発展させておくことが必要である。初心者が自体重でスプリットスクワットを行っているのを見れば，明らかに彼らがバランス不足だということがすぐにわかるだろう。付加的な不安定性は，たいていの場合必要とされることはないだろう。

次に，ファンクショナルトレーニングで用いる用具を紹介し，それらをいつ，どのように使用するかというガイドラインを示す。

スタビリティボール　Stability Balls

残念なことにスタビリティボールはファンクショナルトレーニングと同義語になっている。スタビリティボールに関する書籍やビデオが作られ，講習会も行われている。だがスタビリティボールの使いすぎによって，多くのストレングスやコンディショニングコーチはファンクショナルトレーニングに消極的になってしまった。スタビリティボールは単に不安定面の1つであり，多くの初心者には不必要なものであることを頭に入れておくべきである。スタビリティボールはコアスタビリティ運動や腕立て伏せのような上半身の運動（図4.1）に不安定性を加えるにはすばらしい用具である。さらにスタビリティボールは多くの殿筋群やハムストリングの運動にも使用できる。

しかし，スタビリティボールはスクワットや体重以上の負荷を挙上するための用具ではない。また，ボールの上に立っている選手が映っているビデオなどには警戒すべきだ。トレーニ

図4.1　スタビリティボールプッシュアップ

ングによって得られる利益よりも危険性の方が上回ってしまうため，けっしてスタビリティボールの上に立つべきではない。もし下肢のバランストレーニングを不安定面で行いたいならば，他の用具を使えばよい。

また，スタビリティボールに座りながらのバーベルやダンベル運動，あるいはプレス動作のベンチとしてスタビリティボールを使用する際にも注意を要する。破裂防止加工のないスタビリティボールをダンベルやバーを使うエクササイズの支持具の補助として使用してはいけない。これらのボールは空気が抜けることはないかもしれないが，もし針が刺されば破裂する可能性はある。そのため破裂防止加工のあるボールを使用するべきである。

だが加工してあるボールでも，従来のボールと同様に破裂し，深刻な傷害を引き起こしたという報告がある。安全対策としては体重負荷のみで行い，またボールの上にはけっして立たないようにすることである。

ハーフフォームローラー　Half Foam Roller

スタビリティボール以外のファンクショナルトレーニングの用具として，30cmのハーフフォームローラー（以下ローラー）がある。ローラーの上でのシングルレッグエクササイズは中程度の不安定面がもたらされ，しかも危険性がほとんどない。ローラーの上半分は半円形であり，体重をかけると少しではあるが足の形に変形する。ローラーは高さが低く，足関節，膝関節，股関節を安定化させる筋群をトレーニングすることができる。ローラーはあらゆる種類の片足でのエクササイズに応用できるが，基本的には前額面（左右）での不安定性を作り出すだけである（図4.2）。

エアレックスマット　Airex© Mats

エアレックスマットはハーフフォームローラーの次に用いる，不安定要素を作り出す用具である。このマットは前後・左右・上下の３方向における不安定要素を得られるため，下肢に関

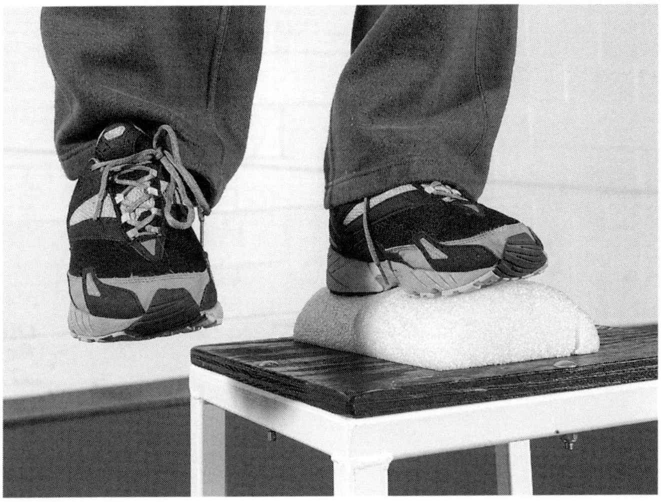

図4.2　ハーフフォームローラー

してより厳しいトレーニングができる。硬い床面とハーフフォームローラーで安定性のトレーニングをした後にこのマットを用いる。このマット上で行う代表的なエクササイズはワンレッグスクワットである（p.15，図3.3参照）。

リーボックコアボード　Reebok© Core Board

リーボックコアボードもファンクショナルトレーニングの器具として使うことができる。この用具は理学療法士であるAlex McKechnie（アレックス・マックーニ）がリーボック社の依頼によって考案した。コアボードは3方向への不安定要素を作り出し，使用者のレベルに合わせたファンクショナルトレーニングを行うことができる。また，他の単純なバランスボードとは異なり，コアボードは使用者の動きに合わせて反応するよう考案されている。たとえば使用者の体重が右側へ移動すると，コアボードは即座に反応して使用者を左側へ押し戻そうとする。したがって，筋はその反応に対応せざるを得ない。このボードを用いてのエクササイズは3方向への動きであり，コンセントリック・エキセントリックな動きでもある（図4.3）。コアボードはストレングス&コンディショニング，理学療法，そしてアスレティックトレーニングを行うすべての施設に有益な用具である。

スライドボード　Slide Board

スライドボードは，もともとスピードスケートのトレーニング用具として開発されたが，今では多くのスポーツで用いられている。スライドボードは各スポーツに特有の姿勢でトレーニングをすることができ，またエネルギーシステムと筋システムが働くように準備させることができる。スライドボード上での立位では，自然に膝が屈曲した姿勢となるため，このスポーツに特有の姿勢でエクササイズを行うことになる（図4.4）。スライドボードを用いると，従来の心肺機能を改善させる器具ではできない，適切な筋の動員パターンを獲得しながらの全身のコ

図4.3　リーボックコアボード

ンディショニングが可能である。ボード上のエクササイズでは下肢の伸筋群に加え，股関節の内転筋と外転筋も鍛えられる。ファンクショナルコンディショニングの視点からすると，スライドボードでのコンディショニングは単なるランニングによるコンディショニングよりもよいと思われる。私たちの施設ではすべての選手にこのエクササイズを行わせ，横方向への動きとバランスだけでなく，鍛えにくい股関節の内転・外転筋群を同時にコンディショニングしている。エネルギー供給系のコンディショニング器具でこれほど有益なものは他にはない。また，スライド姿勢の高さや重量負荷を自由に調整することも可能である。

図4.4　スライドボード

アジリティラダー　Agility Ladder

アジリティラダーは手に入れやすいファンクショナルトレーニング用具の中で，おそらくもっともよいものであろう。ラダーはさまざまな要素の入ったダイナミックウォームアップでも使える。また，バランスや脚のスピード，コーディネーション，エキセントリックなストレングスを改善するのにも役立つ（図4.5）。アジリティラダーが普及するまでは，脚のスピードを改善するためのよい器具が存在しなかった。またラダーを使ったウォームアップでは，筋温を上げながら神経筋の協調能を活性化することができる。

図4.5　アジリティラダー

フィッター　Fitter©

フィッターはもともとカナダのスキーチームのために開発された器具だが，ファンクショナルトレーニングでも役立つ。フィッターは土台が固定されているが，トップの部分には可動性がある。土台の上でトップが左右にスライドし，またトップの底面に張られたゴムチューブで抵抗力を調節する（図4.6）。フィッターによって前後，左右，対角線上などさまざまな方向で，上肢や下肢のバランスと筋力，そして体幹の筋力を鍛えることができる。また，リハビリテーションでは，ほぼすべての関節の動的安定性を高められる。

図4.6　フィッター

メディシンボール　Medicine Balls

メディシンボールは体幹のファンクショナルトレーニングやローテーターカフの障害予防に最適の用具である。メディシンボール自体は100年も前から利用されてきたが，最近ではゴムや非ラテックス製のボールが販売されている。チェストパスなどのエクササイズでは上半身のパワーを，またボールの遠投では全身のパワーを改善できる。メディシンボールを用いたトレーニングは8章で詳しく説明している。頑丈な壁にボールを投げつけるようなエクササイズはプライオメトリックな効果が期待できる。ただし，使用する上での注意点もある。たとえば私たちの施設ではペアになってボールをキャッチすることや，片手でのオーバーヘッド動作は取り入れていない。なぜならば，キャッチによって手指を負傷する可能性があり，また片手でのオーバーヘッド動作は肩関節に対してストレスが大きすぎるからである。

ウエイトジャケット　Weight Vests

バーベルやダンベルでトレーニングをつめば，ウエイトジャケットは必要ないと考えるコーチもいる。しかし，ウエイトジャケットは動きを阻害することなく負荷を高くできるといったメリットがある。すなわち，外的なウエイトを保持するために姿勢を崩すことがないといえる。プッシュアップや自体重でのスクワットやインバーテッドローなどで負荷を上げたいときにウエイトジャケットは非常に効果的である。またアイスホッケーやアメリカンフットボールのコンディショニングプログラムでは，防具を装着した際の重量として，負荷をかけてトレーニングさせることができる。

ファンクショナルエクササイズのプログレッション

ファンクショナルエクササイズのプログレッション（図4.7）とは，あまり機能的ではないエクササイズからもっとも機能的なエクササイズまでを順番に表したものである。エクササイズは下肢（膝関節優位と股関節優位），上肢（プッシュ系とプル系），および体幹エクササイズに分けられる。図4.7ではマシンを使った，あまり機能的ではないエクササイズから不安定要素を用いた機能的なエクササイズまでと一連の流れで示しており，機能的ではない基本的なストレングスエクササイズと機能的なエクササイズを組み合わせながらプログラムを作成する。そして，プログラムはけっして二者択一なプログラムではなく，ストレングスの改善と改善されたストレングスをいかにスポーツに活かすかといった包括的なアプローチをするようなプログラムでなければならない。

図4.7の上から1段目は膝関節優位の下肢のエクササイズである。もっとも機能的ではないエクササイズは想像通りだと思うが，背臥位でのレッグプレスである。このエクササイズでは背臥位になり，安定性はすべてマシンによってもたらされる。レッグプレスより少し機能的なエクササイズはマシンスクワットである。このエクササイズはマシンによって安定性が保たれるが反面，立位となるためやや機能的である。

機能的ではない ----→ 機能的である					
下肢のエクササイズ					
膝関節優位のエクササイズ					
エクササイズのタイプ	レッグプレス	マシン スクワット	バーベル スクワット	ワンレッグ スクワット	エアレックス マット上での ワンレッグスクワット
理由	背臥位， 選手による 安定性なし	立位， 選手による 安定性なし	両足での立位	片足での立位	不安定要素の 上での片足立位
股関節優位のエクササイズ					
エクササイズのタイプ	レッグカール	バック エクステンション	両足SLDLまたは RDL*	ワンレッグSLDL*	エアレックス マット上での ワンレッグSLDL*
理由	腹臥位，機能的な 動きがない	腹臥位，機能的な 動きはある	両足での立位	片足での立位	不安定要素の 上での片足立位
上肢のエクササイズ					
ホリゾンタル（水平面での）プル					
エクササイズのタイプ	マシンベンチプレス	ベンチプレス	ダンベル ベンチプレス	プッシュアップ	スタビリティボール プッシュアップ
理由	背臥位， 選手による 安定性なし	背臥位， 安定性が やや必要	背臥位， 片腕での 安定性が必要	腹臥位， クローズドチェーン	不安定要素の 上での片脚立位
バーチカル（垂直面での）プル					
エクササイズのタイプ	ラットプルダウン				プルアップ/ チンアップ
ホリゾンタル（水平面での）プル					
エクササイズのタイプ	マシンロー	ダンベルロー	インバーティッド ロー	ワンアーム・ ワンレッグロー	ワンアーム・ ツーレッグ ローテーショナル ロー
体幹エクササイズ					
エクササイズのタイプ	クランチ	ロシアンツイスト	スタンディング リフト	スタンディング ロープリフト	マシンボール ツイストパス
理由	背臥位，回旋なし	背臥位，回旋あり	立位，動きなし	立位， ウエイトスタック	立位， すばやい動き

* SLDL：ストレートレッグデッドリフト，RDL：ルーマニアンデッドリフト（SLDLの変形）

図4.7　ファンクショナルエクササイズのプログレッション

さらに機能的なものはバーベルスクワットであり，このエクササイズでは立位をとりながら自分で安定性を確保する必要がある。とはいえ，もっとも機能的なエクササイズからはまだ2段階下である。次のエクササイズはワンレッグスクワットである。この段階ではエクササイズはかなり機能的になり，下肢と体幹の筋はランニングやジャンプの時と同じように協調して働くようになる。最後のエクササイズは，エアレックスマットの上でのワンレッグスクワットである。このエクササイズではバランスをとりながら筋を動かし，かつ安定させる必要が出てくる。

ファンクショナルトレーニングと女性アスリート

トレーナーやコーチは男性アスリートと女性アスリートのトレーニングにどのような違いがあるのかいつも知りたがっているが，「私は女性アスリートをコーチしているのだから」と結論づけてしまう。しかし女性は男性と身体的に大きな差異はなく，女性だからといってあきらめる必要はない。これまでに教えられてきた女性へのトレーニング方法は間違いだらけであり，また女性のトレーニングに対する先入観も正しくはなかったと思う。

女性アスリートに自体重での上半身エクササイズをさせてはならないという古い理論は間違っている。このような先入観と低い期待値で女性アスリートは扱われてきた。たしかに，女性や若年者は自体重でのエクササイズを初めはできないかもしれないが，トレーニングすることによって可能となる。適切にトレーニングすることでバスケットボール，サッカー，フィールドホッケー，フィギュアスケートの女性アスリートがディップやプッシュアップ，そしてチンアップなどのエクササイズができるようになるのをたくさん見てきた。もちろん男性のエリートアスリートのような力を持つことはできないが，十分に強い上半身を作りあげることは可能である。

女性は男性よりも柔軟性が高いとはいえない。男性と同じように股関節が硬い女性アイスホッケーのアスリートがいる。また，男性サッカープレーヤーと同じくらい柔軟性に欠ける女性サッカープレーヤーもいる。したがって柔軟性の高低は性差に関係なく，繰り返しのプレーに基づいているのである。

私の経験では女性アスリートの方がコーチングの影響を受けやすく，男性ほど競争的ではない。ここでいう競争的ではないとは，女性は男性ほど周囲の人が挙上している重量に関心がないということである。女性は自分自身が扱える重量や技術に興味があり，他人のしていることには関心が薄い。このことがコーチングをしやすくしている要因だと考えられる。

また，女性アスリートにとってはボディイメージが大きな関心事である。女性は「筋肉をつけない」ことに関心が高い。これは社会的環境の影響であり，コーチはこのことに気をつけてトレーニングをしていかなければならない。体重と体脂肪に関する数字は誇張されたり，でっち上げられたりしており，女性に対して非現実的な期待を抱かせる原因となっている。体脂肪に関する情報だけはコーチやスポーツ医学スタッフ，あるいはエクササイズの専門家から提供されるべきである。なぜなら，他のチームや他のプログラムにおいて異なる時期や方法で異なる人によって測定された体脂肪率の数字を自分の値と比較することは，リンゴとミカンを比較するようなものである。したがって，女性アスリートは自分のスポーツと自分の体型にとって適切な身長と体重を知るべきである。摂食障害，ボディイメージ，そして栄養に関する問題に対応するため，コーチに体重や体脂肪を測定させないようにしているアスレティックプログラムもあるが，これは彼女たちにとって有益ではない。これらの問題を解決するためには現実を直視する必要がある。教育と積極的なロールモデルを示すことが女性にとっては必要である。また，現実的な身体組成をした同じスポーツのアスリートの写真を見せるのも良い方法である。残念ながら，視覚的なロールモデルとなっているアスリートの写真はファッションモデルのようで平均的な女性アスリートの姿とはかけ離れていることが多い。女性のトレーニングと男性のトレーニングとの大きな違いは，プログレッションに必要な用具が違うことである。一般的に，コーチやトレーナーは女性アスリートに必要な特別な用具に関心がない。

●女性アスリートに必要なトレーニング用具

次にあげる器具はすべて男女の区別なく，若年アスリートにも応用できる。

●7.5kg，12.5kg，17.5kgのオリンピックバー

若いアスリートの多くはストレングストレーニングの経験がほとんどないため，軽めのバーから始めるとよい。そのためにオリンピックバーとオリンピックプレートが必要である。けっして従来からある2.5cm径のバーを用いないようにする。若いアスリートといえどもウエイトルームでは他のアスリートと同様に扱うべきである。

●1.25kg単位のダンベル

カスタムメイドの1.25kg単位のダンベルが理想的である。2.5kg単位のダンベルだと若いアスリートや女性アスリートにとっては負荷漸増の割合が大きくなりすぎる。たとえば片方に7.5kgのダンベルを持ってトレーニングしていたとして，次の負荷が10kgになったとしたら，負荷がいっきに33%も増大することになる。トップアスリートに30kgのダンベルから40kgのダンベルへと１週間で増加させなさいと言えるだろうか。

●0.5kgのプレートメイト

もし2.5kg単位のダンベルしか持っていなければ，プレートメイトを使用するとよい。プレートメイトは磁石によってダンベルに付くので，簡単に負荷を0.5kg上げることができる。ただし，自分のダンベルの形状に合ったプレートメイトを購入するようにする。六角形のダンベルに円タイプのプレートメイトを装着すると，外れてけがをする危険性がある。

●0.5kgのオリンピックプレート

0.5kgのオリンピックプレートは一般的ではないが，購入可能である。これよりも重いプレートであると，前述したような問題が生じる。20kgから22.5kgへと変えたとすると増

量はわずかに2.5kgにすぎないが，その増加率は10%にもなり，ほとんどの女性アスリートは耐えられないであろう。男性アスリートといえども，150kgのベンチプレスを１週間で165kgにまで上げさせることはできないだろう。

●ディップベルト

アスリートの能力が高くなれば，重量を負荷したディップやチンニングが可能となる。ただし，市販されているディップベルトは女性にとっては大きすぎて腰から外れてしまうため，女性用に製作してもらうのがよい。

●ウエイトベルト

ほとんどのウエイトルームではウエイトベルトが準備されている。もし女性にぴったりのサイズがない場合は，女性用のベルトを購入する。女性のウエストが男性よりも細いことは明らかである。

トレーニング施設に用具を適切にそろえたら，女性アスリートのためのファンクショナルトレーニングの実践を躊躇する必要はない。適切な用具さえあれば，本書で説明したファンクショナルトレーニングの概念をすべての女性に応用できる。

女性アスリートのためのファンクショナルトレーニングは，男性向けのファンクショナルトレーニングと特徴は同じである。例外として，体重負荷を使えない時期が女性にはあることくらいである。たとえば，女性の初心者ではプッシュアップやプルアップといった上半身のエクササイズを体重負荷で行うのは重すぎるため，はじめは何らかの工夫が必要となる。女性アスリートもすばらしい上半身の力を持ち得るが，はじめの時期は男性ほど強くはない。したがってプッシュアップの代わりにベンチプレスや類似のエクササイズを，チンアップの代わりにゴムバンドやマシンを使ったプルダウンなどを行う。

プログラムをデザインする際には，もっとも機能的なエクササイズが必ずしももっとも適切であるとは限らないということを覚えておく必要がある。さらに，本書で説明したプログレッション法にしたがって基本的なエクササイズを習得し，そしてプログラムの最後までにすばらしいファンクショナルストレングスに発展できるよう努力する。次に，キーポイントを述べておく。

■基本を習得する
■体重負荷から始める
■単純なものから複雑なものへと段階を踏む

私自身，簡単なルールを作っている。それは，“すべては良いように見えるべき”ということである。エクササイズは，スムースでアスレティックに見える必要がある。もしエクササイズをうまく習得できずにいるのであれば，エクササイズのレベルをいったん落とし，完璧にできるようになるまで次の段階に進まない。テクニックこそがすべてに優先され，挙上重量は常に二の次である。

Functional training
for sports

5

リニア&
ラテラルウォームアップ

ここでは，ファンクショナルトレーニングを行う前に必要不可欠なファンクショナルウォームアップについて紹介する。ウォームアップの概念さえもファンクショナルトレーニングの到来によって変化してきた。よくコーチやアスレティックトレーナーは柔軟性の向上とウォームアップを混同してしまうことがある。柔軟性の向上は長期的にみた傷害予防という点では重要であるが，静的なストレッチはウォームアップの中で必須の要素ではなく，時としてマイナスに働くことさえある。まずは一般的な観点からウォームアップについて考えてみよう。

■一定時間，じっと立っていることで動ける準備ができるだろうか。
■ゆっくり動いたり，まったく動かなかったりすることですばやく動ける準備ができるだろうか。
■じっと座っていることで，立って動ける準備ができるだろうか。

上記の質問すべてに「はい」と肯定できるのであれば，静的ストレッチをウォームアップの中に入れる意味があるかもしれない。だが，たとえばゴムバンドを冷凍庫から取り出し，使おうと伸ばしたらどうなるだろうか。簡単に切れてしまうだろう。これがまさに肉離れが起きる理由である。

これはあまりにも極端に聞こえるかもしれないが，昔，地球は平らであると信じられていたことからもわかるように，新しい考えとはたいていこういうものである。ところで，正式な調査をしているわけではないが，どの施設よりも多くの選手が私たちの施設をトレーニングに利用している。毎年，夏には600人ほどの選手が11週間にわたって週4回のトレーニングを行っており，単純に計算すると26,400回というトレーニング回数となる。そこではプロの選手から中学生の選手に至るまで，静的ストレッチを運動前にする者は誰1人としていなかった。しかも2002年には肉離れを起こして，病院に行ったものは1人もいなかった。

私たちの施設では静的ストレッチを行わないが，ウォームアップは15〜20分くらいかけて，たいてい選手が疲れる程度まで行う。ウォームアップでは筋肉へのストレスを徐々に増やすべきである。また適切なウォームアップとは動きの強度を上げ，トップスピードへと上げていくものである。

ファンクショナルウォームアップの二次的な利点は，より強度の高いスピードドリルや横への動きのドリルに向けて身体を準備させるだけでなく，スピードや横への動きの基礎を強化できることである。すべてのウォームアップドリルでは正しい足の動きや足の位置に重点が置かれており，それによって身体が温まると同時に足の位置と力が生み出される関係を理解するようになるのである。

簡単にいうと，足が殿部の真下にあるときは加速できる状態であり，身体よりも前方にあるときはブレーキとして働くということがわかるようになる。さらにすべてのドリルは完璧なボディポジションで行う。動きは股関節から始まること，そしてそのために腰背部を曲げてしまってはいけないということを学ばなくてはならない。

ウォームアップと動きのトレーニングは直線的な縦の動きを行う日と横の動きを行う日，すなわちリニアデーとラテラルデーに分けられる。アリゾナ州のテンピにあるAthletes'（アスリート）Performance（パフォーマンス）に所属するMark Verstegen（マーク・バーステーゲン）によって発案されたこの分け方は，動きのポジショニングを論理的に整理するのにもっともよい方法である。直線的なウォームアップでは前後のスピード，プライオメトリックス，コンディショニングのための身体の準備を行い，横のウォームアップでは左右のスピード，プライオメトリックス，コンディショニングのための身体の準備を行う。

リニアアクティブウォームアップ

リニアアクティブウォームアップは簡単にいえば，直線的な前方へのダッシュをするために身体を準備するスプリント系のドリルであり，コーチはフォームランニングとして分類している。フォームランニングドリルとは，実際のところ陸上の選手に使われるダイナミックウォームアップのことである。それらのドリルは身体に動きを覚えさせるだけでなく，下半身にスピードトレーニングに向けての準備をさせるという点においてもすばらしいものである。

フォームランニングドリルでは１つの部位の筋（主働筋）をウォームアップさせると同時に，拮抗筋のダイナミックストレッチを行う。これがリニアアクティブウォームアップの優れている点である。筋温度の上昇と筋のアクティブな可動という，どちらも欠くことのできない２つの重要な要素がリニアアクティブストレッチで実現可能となる。静的ストレッチは筋が全可動域に動くかもしれないが，それはけっしてアクティブなものではない。そして，ジョギングは筋の温度を上昇させるが，筋は可動域全域まで動かされることはない。

さらに選手に適切な準備をさせるには，リニアウォームアップに前方の動きだけでなくバッククランのような後方への動きを入れるべきである。陸上競技では後方への走りは重要ではないが，他のスポーツでは重要である。

スピードトレーニングの際に間違えてしまう

原因の多くは，陸上競技の情報に依存しすぎていることである。スピードについての知識は陸上競技関連から得ている部分が多いが，他のスポーツに応用できるものかどうかを考える必要がある。

リニアアクティブウォームアップ（表5.1）では，走っている際に肉離れが起こりやすい3つの主要筋群，つまり股関節屈筋群，ハムストリングス，大腿四頭筋に焦点を当てる。適切なウォームアップが終わる頃までにはこれらの筋群はさまざまなスピードで可動域全域にわたって動かされる。このようなタイプのウォームアップはスプリントやプラオメトリックス，競技用トラックでの練習，あるいはシャトルランなどの練習の前に行う。また，筋温度の上昇だけでは不十分であり，ウォームアップではさまざまなスピードで，かつ可動域全域にわたって筋を動かす必要性がある。

表 5.1	リニアアクティブウォームアップ（20m間隔）
■ ハイニーウォーク　(High knee walk)	
■ ハイニースキップ　(High knee skip)	
■ ハイニーラン　(High knee run)	
■ ヒールアップ　(Heel-ups)	
■ ストレートレッグ・スキップ　(Straight-leg skip)	
■ ストレートレッグ・デッドリフトウォーク　(Straight-leg deadlift walk)	
■ バックラン　(Backward run)	
■ バックペダル　(Backpedal)	
■ バックランジウォーク　(Backward lunge walk)（2週目以降）	
■ フォワードランジウォーク　(Forward lunge walk)（3週目以降）	
■ インチウォーム　(Inchworm)	

■ ハイニーウォーク　High knee walk

ウォームアップはまず殿部後方の筋，とくに大殿筋のストレッチからゆっくりと開始する。
ハイニーウォークは前に脚を踏み出す際に反対側の脛を抱え，膝が胸につくように引っ張る（図5.1）。踏み出した脚をしっかりと伸ばし，かかとを上げるように立つと，反対側の股関節屈筋群に対してより効果的になる。

図5.1　ハイニーウォーク

■ ハイニースキップ　High knee skip

ハイニースキップは股関節屈筋群が活動できる状態にするための軽めのスキップである。
高さやスピードを意識せず，リズミカルに動くことがポイントである。

図5.2　ハイニースキップ

■ハイニーラン　High knee run

股関節屈筋群にかかるストレスを上げていく。この動きは前方への移動が少ないランニングと同様である。
上半身の姿勢を垂直に保ち（体幹の筋力が弱い場合は身体を前方や後方にのけぞる傾向がある），地面と脚との接地回数が多くなるように脚を動かすことを意識する。姿勢をしっかりと保ち，正しく筋にストレスを与えることがポイントである。

図5.3　ハイニーラン

■ヒールアップ　Heel-ups

ヒールアップ（バットキック：butt kickとも呼ばれる）では，意識する部位を股関節屈筋群からハムストリングへと切り替える。踵を殿部に向けてアクティブに引き上げてハムストリングをウォームアップさせると同時に，大腿四頭筋を可動域全域にわたって動かす。

図5.4　ヒールアップ

■ストレートレッグ・スキップ　Straight-leg skip

ストレートレッグ・スキップでは股関節屈筋群を動かしながら，さらにハムストリングへの動的なストレッチの強度を上げていく。膝を伸展させた状態で股関節を屈曲させるには力強い筋収縮が必要とされる。
また，この動きによってハムストリングに対するダイナミックストレッチの強度が増す。
両手を肩の高さの位置に挙げて，足を上げる高さの目安とする。

図5.5　ストレートレッグ・スキップ

■ストレートレッグ・デッドリフトウォーク　Straight-leg deadlift walk

ストレートレッグ・デッドリフトウォークはハムストリングのアクティブストレッチとしてはすばらしく，足関節周囲筋の固有受容器によい刺激を与える。一方の足を腰の位置まで持ち上げると同時に両腕を横に広げる(図5.6)。この動作によって支持脚のハムストリングがダイナミックにストレッチされ，もう一方の脚のハムストリングが股関節伸筋として働く。そして後方にある脚を前方に振って大きく踏み出し，前進していく。このエクササイズは初心者にとってハムストリングの筋肉痛を起こす原因となる可能性があるので気をつける。

図5.6　ストレートレッグ・デッドリフトウォーク

■ バックラン　Backward run

バックランと次に紹介するバックペダルははっきりと区別しなければならない。2つの動きは非常に似ているが，ウォームアップの流れでの目的が異なる。
バックランとは文字通り後方へ走ることであり，前側にある脚で地面を押し出し，後ろ側の脚を積極的に後方へ踏み出すことを強く意識する(図5.7)。
バックランではハムストリングが股関節伸筋として働くため，股関節の前方がダイナミックにストレッチされる。これはストレートレッグ・スキップとは逆の作用であり，ハムストリングを動かすことによって股関節屈筋群をダイナミックにストレッチさせる。

図5.7　バックラン

■ バックペダル　Backpedal

バックペダルは後方への動きであるが，ハムストリングではなく大腿四頭筋をウォームアップさせるために行う。
この動きでは腰を低く保ち，脚を身体の真下か前方に置く（図5.8）。
また大腿四頭筋で地面を蹴ることを意識し，脚を後方へ伸ばさないようにする。バックランのように脚が身体より後方にはならない。
膝を伸展させる際に地面をしっかりと蹴ることに集中する。
この動きはアメリカンフットボールのディフェンシブバックの選手であれば容易にできるが，たいていの選手はうまく行うことができない。

図5.8　バックペダル

■ バック&フォワードランジウォーク　Backward and Forward lunge walk

バックまたはフォワードランジウォークは両足全体と股関節伸筋群をウォームアップさせると同時に，股関節の前面をストレッチさせる。このエクササイズは非常に優れたダイナミックストレッチの１つであるが，片足での筋力トレーニングの第１週が終わるまでは行わず，バックランジウォークは第２週，フォワードランジウォークは第３週から始めることを推奨する。

ランジウォークでは選手が日頃慣れていないようなストレスが足にかかる。また20mのランジウォークを２本行うだけで初心者は筋肉痛となり，その後に行われるトレーニングに支障が出る。ランジウォークは長内転筋にストレスがかかるため，経験があまりない選手が20m行うと鼠径部の筋が引っ張られるような感じがするだろう。

実際にはこのエクササイズでは長内転筋が股関節の伸筋として機能している。その結果，多くの選手があまり経験したことのないような痛みを覚えるのである。一般的に私たちの施設では膝の伸筋群によりストレスをかけ，長内転筋にかかるストレスが少なくなるようバックランジウォークから始める（図5.9）。

図5.9　バックランジウォーク

■ インチワーム　Inchworm

インチワームは身体の総合的なウォームアップとして非常に優れているのだが，残念ながらもっとも普及していない。このドリルは動きが非常にハードなため，選手は疲労を感じるだろう。腕立て伏せの体勢から殿部を落として腹筋群をストレッチし，そして脚をまっすぐにした状態で足をできるだけ手に近づくように動かしていく（図5.10）。このときに小さな歩幅で足を動かし，膝は曲げないようにする。この部分の動きはハムストリングに非常によいストレッチである。このポジションより，足を動かさずに手を前方に動かして「歩き」，再びお尻を落として腹筋群をストレッチする。この「手で歩く」動きは上半身，とくに肩甲帯のウォームアップとして優れている。この一連の動きを20mほど続ける。

図5.10　インチワーム

柔軟性を強調したその他のリニアウォームアップ

その他のリニアウォームアップ（表5.2）には，ダイナミックな動きよりもダイナミックな柔軟性に重点を置いたアクティブウォームアップがある。

これらのエクサイズは，これまでに紹介したウォームアップよりも，どちらかというと静的なストレッチに近いかたちで使われる。そのためウォームアップにかかる時間は半分となる。また，すべての動きは歩く速さで，10mの距離を1回で行う。

表 5.2	柔軟性を強調したその他のリニアウォームアップ（各10m間隔）

■ 股関節外旋・ハイニーウォーク（High knee walk with external rotation）
■ 股関節内旋・ヒールアップ（Heel-up with internal rotation）
■ ウォーキングヒールアップ（Walking heel-up）
■ ストレートレッグ・デッドリフト・ウォーキングヒールアップ
(Walking heel-up with straight-leg deadlift: SLDL)
■ オーバーヘッドランジウォーク（Overhead lunge walk）
■ ツイスト・バックランジウォーク （Backward lunge walk with twist）
■ ストレートレッグ・デッドリフトフォーワードウォーク （SLDL walk forward）
■ ストレートレッグ・デッドリフトバックウォーク（SLDL walk backward）
■ ストレートレッグ・クロスオーバー（Straight-leg crossover）
■ バックインチワーム（Backward inchworm）

■ 股関節外旋・ハイニーウォーク　High knee walk with external rotation

膝の代わりに脛(すね)を両手でつかみ，腰の高さに引き上げる（図5.11）。この動作によって股関節が外旋される。

また，同時につま先で立ちながら支持脚の股関節を伸展させる。

図5.11　股関節外旋・ハイニーウォーク

■ 股関節内旋・ヒールアップ　Heel-up with internal rotation

股関節を内旋位でストレッチする（図 5.12）。前腕を回外させ，足部の内側アーチを手のひらでつかむ。このポジションから足を外側へ回すことによって股関節が内旋し，外旋筋群がストレッチされる。
この動きは動的な柔軟性に欠ける選手にとっては難しい。

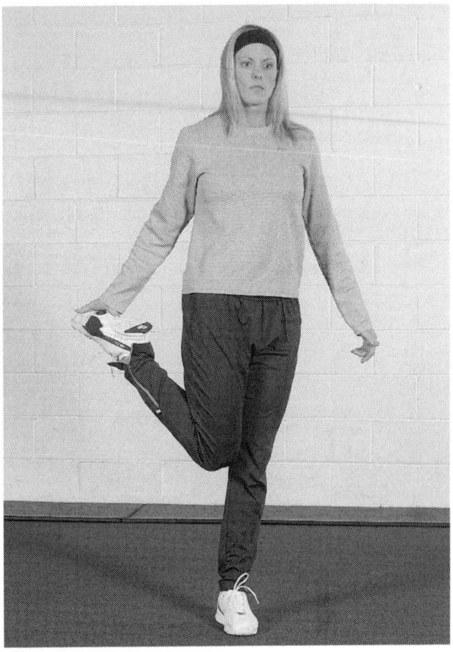
図 5.12　股関節内旋・ヒールアップ

■ ウォーキングヒールアップ　Walking heel-up

歩行の動きの中で膝を曲げた側の手で足をつかみ，殿部に踵が近づくように引く（図 5.13）。
また，反対側の手で足をつかむことで体幹部分の動きを組み入れることができる。

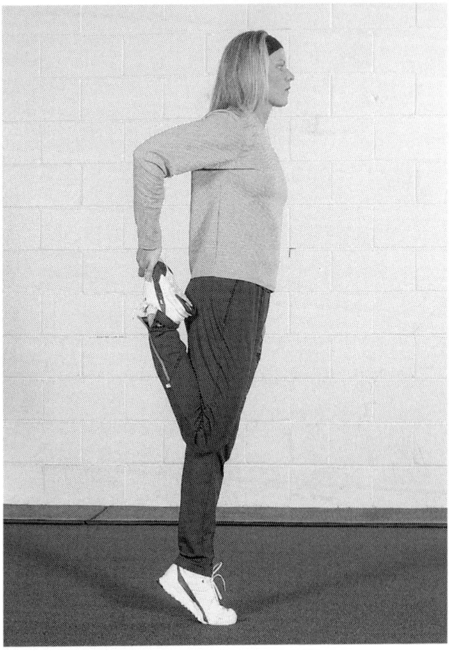
図 5.13　ウォーキングヒールアップ

■ ストレートレッグ・デッドリフト・ウォーキングヒールアップ　Walking heel-up with straight-leg deadlift

ウォーキングヒールアップと同じように踵を殿部に向けて引き上げ，加えて前傾し，体幹部分がまっすぐな状態のまま膝をできるだけ高く持ち上げる（図5.14）。

このエクササイズは大腿四頭筋と持ち上げた側の大腿直筋をストレッチする一方，支持脚と踵の固有受容器入力に大きく働きかける。

図5.14　ストレートレッグ・デッドリフト・ウォーキングヒールアップ

■ オーバーヘッドランジウォーク　Overhead lunge walk

p.36のバック＆フォーワードランジウォークとほぼ同じであるが，両腕を頭上に持ち上げて上肢の動きを入れる（図5.15）。

膝をついている側の手で反対側の親指をつかみ，肘を伸展して肩甲骨を挙上させる。

図5.15　オーバーヘッドランジウォーク

■ ツイスト・バックランジウォーク　Backward lunge walk with twist

バックワードランジウォークにひねりの動きを加える。前足の膝の上に反対側の肘がくるようにする（図5.16）。
体幹の回旋が加わることによって，腰筋（股関節屈筋）の可動域が向上する。

図5.16　ツイスト・バックランジウォーク

■ ストレートレッグ・デッドリフトウォーク　Straight-leg Deadlift Walk

p.34で紹介したが，今度は前方と後方に向かって行い，ハムストリングをストレッチし，活性化させる。

■ ストレートレッグ・クロスオーバー　Straight-leg crossover

ハムストリングスと腸脛靭帯をストレッチする。右脚を左脚の前に交差させながら左へ移動させ，左殿部を外側に動かし，手をつま先の右側につけるようにする（図5.17）。殿部を動かすことで腸脛靭帯のストレッチが強調される。

図5.17　ストレートレッグ・クロスオーバー

■ バックインチワーム　Backward inchworm

p.37で紹介したインチワームと似ているが，今度は動きが反対となる。足を手から遠ざけるように動かして後方に10m進む。腕立て伏せの体勢からスタートし，手を足に向かって動かし，そして足を後ろに動かしていく。

リニアウォームアップは直線的なスピードトレーニングや直線的なプライオメトリックトレーニングの前に行うべきである。なぜならば，ウォームアップを次に続く動きに特化させることが意図だからである。このリニアウォームアップでは主に，直線的なスピードトレーニングでもっとも頻繁にけがしやすい股関節の屈筋群，大腿四頭筋，ハムストリングスに重点を置く。

安全かつ容易なリニアスピードの向上

過去10年間に著名なコーチのビデオや講義の中で，直線的なスピードに関して語られなかったことはほとんどないだろう。スピードに関する技術的な情報はさまざまな文献などから容易に得ることができる。コーチはスピードを向上させるには筋力とパワーを鍛える必要があるということに徐々に気づき始め，スピード向上トレーニングとしてレジストトレーニングやアシストトレーニングを使っている。さらに多くの会社がコーチに対してスピードトレーニング用の商品や器具を提供している。ここ数年で縦のスピードだけでなく，横のスピードの分野も目覚しい発展を遂げている。

私はチームスポーツや大・小グループのために傷害予防を重要視したスピード向上システム，あるいはより適切な加速向上システムを提案している。このリニアスピード向上システムは簡素かつ簡単に実行できる。このシステムに含まれるスピードトレーニングの大多数は10m以内の距離で行われ，実質的には加速トレーニングである。チームスポーツにおいてアクセレレーション（加速）はスピードよりもはるかに重要であるのだが，コーチはこれらの言葉を混同して使っている。コーチはスピードが必要だというが，ほとんどのスポーツではスピードのある選手よりも加速のよい選手の方が有利である。スピードとアクセレレーションの違いは自動車に例えると簡単にわかる。すべての車は100km/h で走ることができるが，ポルシェとユーゴ（ユーゴスラビア製の小型自動車）の違う点は速度0から100km/hに到達するまでの時間ということである。アクセレレーションではなくスピードに対する懸念は不必要であり，トレッドミル志向のスピードトレーニングや陸上競技に基づいたプログラムの落とし穴である。

そこで，スピードトレーニングのプログラムを作成する上で大きな問題となってくるのが，どのようなドリルをどれくらいの距離で，どれくらいの頻度で行うかということである。これから提案するシステムについては2000年の夏，約19,000回のトレーニング（選手400名による週4日，計12週間のトレーニング）によりフィールドテストが行われたが，その結果，鼠径部とハムストリングの筋挫傷は10件以下であった。

このシステムのキーポイントは，次の通りである。

- トレーニングはすべてダイナミックなウォームアップとアジリティドリルで，少なくとも15分間行う。トレーニング前に静的なストレッチはいっさい行わない。
- プライオメトリックトレーニングはウォームアップ後とスプリントトレーニング前に行う。

プログラムは3週間ごとに3つの期に分けられ，それぞれシンプルな概念に基づいている。

●第1～3週：非競争的スピード

第1期では最初に3～5ステップによる簡単なドリルを行う。その際，スタートのテクニックと第1歩のすばやさを意識する。3～5回力強く地面を押し蹴り，そして流し走りする。最初はフルスピードより少し遅めのスピードで走るようにして，徐々に筋をトップスピードに慣れさせる。また，この期では他人と競い合ったりしないようにする。もっともよく使われるドリルはリーン・フォール・ラン（図5.18a）とVern Gambetta（バーン・ガンベッタ）の『Straight Ahead Speed（直線的スピード）』のビデオ（Gambetta Sports Systems, 1995）で紹介されている90°リーン・フォール・ラン（図5.18b）である。一般的に毎日10mスプリントを6回行う。

図5.18a　前傾・フォール&ランドリル

図5.18b　45°前傾・フォール&ランドリル

●第4～6週：短距離の競争的スピード

第２期では，短い距離における競争的な一連のドリルが導入される。スプリントトレーニングの強度は上がる一方で，距離（量）は維持もしくは減少する。スピードトレーニングの難しい点は，選手が実際にトップスピードに到達しようとしているのかどうかをコーチがコントロールしたり，見分けたりすることができないことである。そこで選手に加速をつけさせるために競争的な刺激を導入する。競争的な刺激としてはテニスボールを用いる。トレーニングは両脚スタートや片脚スタートなどさまざまなスタンスからのボールドロップスプリントで構成される（図5.19）。ボールドロップスプリントでは爆発的なスピードが必要となる。才能豊かな選手でさえも，テニスボールが肩の高さから落ちるまでに５～７ｍ走ることはできないだろう。しかし，選手の競争本能を過小評価してはいけない。選手はたとえうまくいかなくとも，ボールを取ろうと努力するものである。ボールドロップスプリントは，ハムストリングスや股関節屈筋群に過度なストレスをかけることなく，加速を促すような状況を作っている。

図5.19　ボールドロップスプリント

●第7～9週：競争的スピード

第３期では，パートナーを相手にさまざまなスタンスから走るトレーニングを行う。たとえば追いかけ走やブレイクアウェイ・ベルトスプリントなどを立位や背臥位もしくは腹臥位から始める。トレーニングをタグゲーム（鬼ごっこ）のようにして，追う者と追われる者を交互に行わせる。競走するという状況で選手の加速能力が試され，最大限の努力をするだろう。この期では10～20mの範囲で行う。

スピードトレーニングのプログラムでは，適切なウォームアップと下半身の筋力トレーニング，そして段階的なプライオメトリックトレーニングとを組み合わせることですばらしい成果が生まれる。個々のペースでドリルを始め，9週間かけて競争的なタグゲームへと発展させていくことによって筋に最適な適応が促される。それぞれの期でトレーニングの量か強度のどちらかを上げていくが，けっして両方を上げてはならない。下半身の筋力トレーニングは週2回行い，膝関節の伸展（フロントスクワットや片足でのバリエーション）と股関節の伸展（片足やベントレッグでのバリエーションを入れて，殿部とハムストリングを刺激させる）の両方を行う。このように，段階的なスピードトレーニング，筋力トレーニング，プライオメトリックトレーニングを組み合わせることによって私たちの施設では傷害発生率を1/1000以下にしてきたのである。

ラテラルウォームアップ：ラテラルアジリティとスピードの向上

ラテラルウォームアップは横の動きに対するトレーニングの前に行われ，8分間のアジリティラダードリルと5分間の横を意識したダイナミックな柔軟性によって構成される。ポイントはリニアウォームアップ以上に，できるかぎり内転筋群や外転筋群に刺激を与えることである。またスポーツの動き（特異性）を考慮したものにする。ラテラルウォームアップは後に続く横への動きとスピードのトレーニングの準備運動となる。

ラダーなどのアジリティドリルに加え，ラテラルスクワットやステーショナリースパイダーマンなどによって股関節に刺激を与えることも必要である。

■ ラテラルスクワット　Lateral Squat

コーチはラテラルスクワットを鼠径部のストレッチと認識しているが，股関節の前額面上の可動域を向上させるダイナミックなエクササイズであると私は考えている。1.2mほど足を広げ，左脚を伸ばしたまま右側に座るようにして体重を乗せていく(図5.20)。このとき体重は右の踵に乗せ，上半身をしっかりと起こし，股関節と膝関節をできるだけ低く曲げていく。一番深く曲げたところで1秒間止め，それから左足に体重を移動する。

図5.20　ラテラルスクワット

■ ステーショナリースパイダーマン Stationary Spider-Man

まず腕立て伏せのポジションから右足を右手の真横に踏み出す（図5.21）。この体勢から右肘を地面につけるように下ろす。元の位置に足を戻し，今度は反対側の足を移動させる。このダイナミックストレッチは1秒以上かけて行わないようにする。トレーニング後にも使うことができるが，静的なストレッチではないので注意する。

図5.21 ステーショナリースパイダーマン

●ラテラルアジリティのプログレッション

スピードを教えることはできないという古い格言は何十年も前に反証されているが，今でも多くのコーチはアジリティやコーディネーションは教えることができないと信じている。

ところが実際には，方向転換や横の動きの本質的な部分は教えることができる。

そのためには，次の３つの基準を満たすことが必要である。

1. 動きを制止させるだけでなく，止まってから動きを再始動させるのに十分な片脚の筋力があるかどうか。片脚の筋力はアジリティを向上させるのに必要な本質的要素である。片脚の筋力がなければ最大限のアジリティを以ってしてもトップスピードで急激な方向転換はできないだろう。
2. 減速できるかどうか。減速するにはエキセントリックな筋力が鍵となる。エキセントリックな筋力は重量物を下ろす能力ではなく，身体をすばやく止める能力として考える。エキセントリックな筋力はブレーキの役割をする。
3. 安定した着地ができるかどうか。また固有受容器は安定した着地ができるよう対応しているか。

選手はアジリティのもっとも基本的な概念，つまり左に動くには右足で地面を押し出さなければならないということを理解する必要がある。動きたい方向に足を踏み出していては速く移動することはできない。そこで動きたい方向から遠い方の足で自分を押し出さなければならない。ところが方向転換するために自分を押し出す前に，減速と安定した着地が必要になってくる。

ほとんどのアジリティトレーニングでは単に時間（速度）を計測するが，よりよいアジリティトレーニングとは動いている時間を計るのではなく，動きそのものを教えることである。単に，選手にできるだけ速くコーンを回って走ってくることを要求するのではなく，適切な左右へのターンや45°のカッティングを教えなければならない。

まずはじめにワンツースティックと呼ばれる簡単なドリルを行う。このドリルの重要な点はスタッターステップ（stutter step）で，スポーツでフェイントをするときによく使われる。バスケットボールでのクロスオーバードリブルやフィールドホッケーやアイスホッケーでのワイドドリブルなどがスタッターステップを使っている例である。

横の動きに対するドリルではすべて，プラスチック製の平らなフープ（輪）を使って足の動きなどを教える。スポーツでの横の動きは一般的にステップオーバー（踏み越える）の動きよりもシャッフル（すり足に近い）の動きの方が多いため，ミニハードルを使った練習を勧めることはできない。足は速く，正確に，地面にできるだけ近い位置で動かす。

進展の度合いを明確にするために，エクササイズはレベル１～３に分かれている。レベル１は初心者向けで，非常に簡単である。レベル２は強度が少し増し，レベル３はもっとも困難である。トレーニングの段階にかかわらず，はじめの３週間はレベル１からスタートする。急にトレーニング強度を上げることはけがを引き起こす原因となるので，選手がエクササイズを習得してから段階を上げる。

■ ワンツースティック　One-Two Stick

レベル **1**

このドリルでは適切な方法による安定した着地と，右に動くときには左足を押し出すという動きを覚える。左足で１つめのフープに立ち，右－左－右と連続したステップを踏む。左足で地面を押し出し，第２フープを越え，第３フープに右足で着地する。そして左足を第2フープに踏み入れ，同様に左足で押し出し，第4フープに右足で着地する（図5.22）。次に同じ動作を逆方向で行う。母趾球の内側で着地し，膝が足より内側にあるようにする。このようにすることで逆へのすばやい動きが可能になり，また体重を母趾球の内側に乗せることで，方向転換の際に足首の捻挫が起こりにくくなる。

図5.22　ワンツースティック

■ ワンツーカット　One-Two Cut

レベル **2**

このドリルはワンツースティックとまったく同じ動きであるが，安定した着地ではなくなる。正しい足の動きが行える範囲で，フープの中をできるだけ速く横へと動く。注意すべき点は繰り返しになるが，母趾球の内側で着地し，膝が足より内側に位置することである。

■ アシステッドワンツーカット　Assisted One-Two Cut　レベル 3

腰にチューブを巻きつけ，最初の押し出しの際に抵抗を与え，戻る際に補助を加える動きである。動きそのものはワンツーカットと同じであるが，戻る際にチューブによって引っ張られるため，より大きいエキセントリックな減速力が必要となる（図5.23）。

図5.23　アシステッドワンツーカット

■ 45°ワンツーカット　Forty-Five-Degree One-Two Cut　レベル 4

このドリルでは前出のワンツーカットと同じ足の動きをするが，そこに縦の動きが加わる。右－左－右，左－右－左と足を同様に動かし，腰部と肩を平行にした状態で前方45°の方向にスタッターステップを踏んでいく（図5.24）。

図5.24　45°ワンツーカット

●ラテラルスピードのプログレッション

これまでのドリルでは方向転換が中心であったが，次に紹介するドリルはラテラル（横への）スピードそのもののトレーニングであり，その後にラテラルスピードと方向変換とを組み合わせたトレーニングを行う。

ラテラルアジリティドリル同様，正確な足の動きを促すためにハードルではなく平らなフープを使う。

■ ラテラルフープラン＆スティック　Lateral Hoop Run and Stick（3フープ）　レベル 1

どのフープも踏み越えることなく，足をすばやくフープの中に入れて横に動く。もし右から左に動くときは，始めにフープの外にある右足で地面を押し出し，3つのフープをそれぞれ左－右といった動きでステップし，最後に3つめのフープの外に左足で安定した着地をする。そして反対側へ同じ動きを繰り返す。

図5.25　ラテラルフープラン＆スティック

■ ラテラルフープラン＆スティック（5フープ）　レベル 2

レベル2ではフープの数を5つに増やし，レベル1と同様の動きを行う。レベル2ではよりスピードが増すため，必然的により大きな力が減速時に必要となる。

■ ラテラルフープラン＆スティック（7フープ）　レベル 3

レベル3ではフープの数を7つに増やし，同様の動きを行う。

■ ラテラルフープランリターン　Lateral Hoop Run with Return（2フープ）　レベル 4

ワンツーカットとラテラルフープランの利点である，ラテラルスピードと方向転換が1つのドリルの中に組み入れられている。このドリルでは2つのフープを動き，減速し，反対方向へと戻る（図5.26）。このドリルはフープの数を1つずつ増やしていくことによって発展させることができる。

図5.26　ラテラルフープランリターン

これらの応用ドリルはかなり単純かつ機械的で，形式的に思えるかもしれない。しかし，優秀な選手に備わっている本質的なことを多くの選手に対して教える必要があると，私は強く考えている。

コーチは彼らがどのようにしたら上手に動けるかということをすでに知っているものと思わずに，それらを教えるべきである。アジリティトレーニングでは動いている時間を計るのではなく，動きを教えるようにする。

静的ストレッチの役割：トレーニング後の柔軟性ストレッチ

ウォームアップやスピードトレーニングで静的ストレッチを行わないので，柔軟性は重要ではないという結論に達する人がいるかもしれないが，それは間違いである。柔軟性は非常に重要であるが，ストレッチはしかるべき時間にしっかりとした目的のもとに行われなければならない。ウォームアップはダイナミックで，選手にその日の運動のための準備をさせるものである。柔軟性向上のためのストレッチは反対にトレーニング後によく行われ，組織の長さを元に戻し，長期的なオーバーユース障害を予防するものである。選手は柔軟性が欠如しているために肉離れを起こすのではなく，短期的もしくは長期的に準備ができていないために肉離れを起こす。柔軟性の維持・向上はウォームアップの一部ではなく，長期的な障害予防の一部である。柔軟性についての深い議論については，National Academy of Sports Medicine（NASM）の統合的な柔軟性トレーニングのコースを参照するとよい。

ここではリニアスピードとラテラルスピードの，簡単ではあるが効果的なトレーニング方法を紹介してきた。選手はその日の運動で使われる動きに重点を置いた，適切なウォームアップで身体を動かす。ある日はリニアスピードのトレーニングにし，またある日はラテラルスピードのトレーニングにする。このようにすることで，コーチは練習メニューを作成しやすくなり，また選手は練習への準備がしやすくなる。静的ストレッチは意図的に練習後に行うようにする。ウォームアップには神筋系のドリルを組み込み，最新の科学に基づいた安全なアプローチをすることで障害を減少させることができる。最後に，ファンクショナルトレーニングは合理的なトレーニングであり，ドリルに関連するウォームアップも合理的であり，さらに動きながらのウォームアップも合理的なものであることを忘れないでほしい。

（監訳者注：トレーニング前のウォームアップを開始する以前に，トレーニングに対するメンタルな準備状態を作りだすために静的ストレッチを利用することは考えられる。）

Functional training for sports

6

下半身のストレングスとバランスの改善

下半身のストレングスを機能的に改善させることは質の高いトレーニングプログラムにおける第1の目的である。下半身のストレングスは一般的にボディウエイト（自体重）スクワットから始める。選手にボディウエイトスクワットをさせることでストレングスや柔軟性，障害発生の可能性についての重要な情報を得ることができるためである。またボディウエイトスクワットは股関節，足関節，ハムストリングスの柔軟性や下半身全般のストレングスを評価するために使うこともできる。

ボディウエイトスクワットの際に大腿部を床と平行にできない選手（図6.1a）は足関節，股関節またはハムストリングスの柔軟性が不十分である。そのような選手は板の上に踵(かかと)を乗せて行うとよい。このことで適切な深さまでスクワットできるようになり，また膝を痛めることもない。現在のところ，踵を上げて行うことで膝へのストレスが増加するといった科学的根拠に基づいた報告はない。スクワット時に膝がつま先より前方へ出てしまう場合もまた，柔軟性またはストレングスが不十分であるといえる。

膝関節優勢スクワットと足関節優勢スクワットを比較し，各々の重要性を説明することが必要である。多くの選手が「スクワット」と聞くと，できるかぎりもっとも楽な方法で殿部を低くしようとする。下半身の筋力が弱ければ弱い筋（たいていは大腿四頭筋）にストレスを与えないような方法でといったぐあいである。

下半身が弱いまたはけがから復帰するような場合は，重心を下げるときに，足関節可動域制限に到達するまで膝をつま先より前へと屈曲させる傾向がある（図6.1b）。それから，ようやく膝関節の動きとなる。このタイプの足関節優勢スクワットは，大腿部を床と平行な状態にするために過度の膝関節屈曲を引き起こす。このことはスクワットの矛盾点である。理学療法士やアスレティックトレーナーは，膝関節の角度を基準にしてスクワットを評価する。たとえば，膝関節90°までスクワットするように患者に指示するが，パラレルスクワットになる前に膝関節は90°となってしまう。

ところが，ストレングスコーチは膝関節の角度でスクワットの深さを定義せず，大腿骨が床と平行かどうかで定義する。なぜならば，足関節優勢のスクワットであれば，膝関節が135°以上となるからである。このタイプの足関節優勢スクワットは，膝の痛み，膝蓋靭帯炎，あるい

図6.1a　正しいスクワット

図6.1b　正しくないスクワット
（膝・足関節が適度に屈曲している）

は大腿四頭筋の腱炎などがある選手に多くみられる。

スクワットのキーポイントは膝関節可動域を制限したいという理学療法士の希望と，大腿部が床と平行になるようにしたいというコーチの希望を組み合わせることである。したがってコーチやトレーナー，そして理学療法士は共通の用語で話す必要がある。そして彼らの希望に沿った指示を選手に与えるようにする。その際，足関節可動域を最小に抑えて膝関節可動域を最大にするボディウエイトスクワットの方法をまず教え，その後ハンズフリーのフロントスクワットへと応用させていく。

フロントスクワットはプログラムの基本である。従来の筋力トレーニングではほとんどがバックスクワットを強調しているが，私の経験からするとフロントスクワットの方が障害発生を減少させた状態で筋力を向上できる。このプログラムではほとんどフルスクワットで行い，ハーフスクワットまたはクオータースクワットはけっして使わない。フルスクワットは大腿部前面を床と平行にすることと定義されている。また肘を保護するためにハーフまたはクオーターカールにしないようにし，膝も同様である。部分的スクワットでは殿筋，ハムストリングス，腰部を十分に鍛えることができない。またハーフスクワットやクオータースクワットはかなり重いウエイトを使用するため，腰部障害の危険性が大きい。普通に柔軟性がある選手は，踵（かかと）を挙上しなくても大腿部が床と平行になるまでスクワットすることができる。柔軟性が少ない選手であれば踵（かかと）を挙上して行う。スクワットの動きで筋力を改善させることが，スピードと垂直跳びの向上への最初のステップとなる。

安全なスクワット技術の習得

次のステップは技術的に正しく，安全なスクワット技術を習得するために重要である。

●ステップ１：ハンズフリーボディウエイトスクワット

ハンズフリーボディウエイトスクワットは，両腕を身体の前で伸ばし，手を肩の高さにして開始する（図6.2）。最終的にはバーを手首ではなく肩の上に持ち運ぶということを教えるために，このステップは飛ばさずに行う。胸を張り，上背部と腰部は弧を描くようにして力を入れておく。足は肩幅の広さに開き，やや外側向きに約10°～15°とする。柔軟性に問題があるならば，適切に深く下ろすためにスタンスは広げてもよい。下降時に前へ倒れこむような傾向があったり，踵が床から離れたり，または骨盤が後方へ回旋するようであれば，板や５kgのプレート，あるいは特製のウェッジ（楔）を踵の下に置いてもよい。踵の下に物を置くことに関しては注意を払う必要があるが，私たちのトレーニング施設ではすばらしい成果を残しており，またこの方法によって選手が膝に痛みを感じることもなかった。

下降

1．スクワットで下降する前に深く息を吸って肺を十分に膨らませる。
   この十分に膨らませた肺は背部と腰部を支える役割を果たす。
2．下降する時に後方へ座るようにすることと踵に重心を乗せることに集中する。足の中心部またはつま先に体重を乗せてしまうと思わぬ前方への倒れこみを引き起こす。
   また，息を吐き出さない。両手は肩の高さに保つ。
3．大腿部の前面部が床と平行になるまでゆっくりと下降する。ハーフやクオータースクワットでは自己満足できるが，下肢に対して何もよい結果は生じない。
   軽いウエイトで適切な深さまでスクワットすることでよりよい結果が生じる。
4．下降では屈曲した両膝はつま先より前へ出さない。また膝が内側に入らないように，つまり膝をつま先よりも外側に開くようにする。

図6.2　ハンズフリーでの自体重スクワット

上昇

1．胸は上方へ向け，殿部を上前方へ持ち上げるように集中する。
2．踵（かかと）を床に押し付ける。
3．ゆっくりと息を吐き出す。タイヤに穴を開けるように，肺の中にある空気をシューッとゆっくりと吐き出す。

スクワットは正しく行えば安全な動きであることを覚えておいてほしい。自体重で適切に技術を向上させることから始め，技術が完璧になったら，より重いウエイトへと発展させる。適切な技術で行おうとして失敗したときにだけ，けがが生じるのである。

●ステップ2：ハンズフリーフロントスクワット

図6.3　ハンズフリーでのフロントスクワット

両腕を伸ばした状態で前方に上げ，両手は肩の高さで開始する。バーは喉に触れるようにしながら三角筋の前方に置き，両手は故意にバーを触らない。

図6.3に示しているように，この方法はバーを手首ではなく肩で運ぶことを教えられるので，この重要なポイントを怠けないようにする。

続けて，ハンズフリーボディウエイトスクワットと同様の下降と上昇を行う。

●ステップ3：クリーングリップフロントスクワット

クリーングリップフロントスクワットではクロスオーバーグリップを使わない（図6.4）。選手は適切なクリーンでフロントスクワットを正しく実行しなければならない。フロントスクワットのスタートポジションにはクリーンキャッチやプッシュジャーク，プッシュプレスが使用される。

たとえ下半身エクササイズとしてバックスクワットを選択したとしても，実際にはフロントスクワットの方がスクワットを教えるには適した方法である。その理由は，次の通りである。

図6.4　クリーングリップでのフロントスクワット

- ■ フロントスクワットは完璧な体勢を必要とする。
- ■ フロントスクワットは肩の柔軟性を発達させる。このことはベンチプレスが優先される筋力トレーニングの世界ではプラス要因となる。また，私が勧めるクリーングリップを使用すれば柔軟性は高められる。
- ■ フロントスクワットは軽いウエイトで行うことができ，また個人に対するプレッシャーも軽減できる。フロントスクワットであればウエイトを重くするようにと要求されることはない。

もしスクワットの技術に問題を抱えているのであれば，それは早い時期に重いウエイトで行いすぎているか，殿部やアキレス腱の柔軟性が不十分であると考えられる。スクワットのためのストレッチ方法として，フルスクワットのポジションをとり，両肘を両膝の内側に入れ，背中で弧を描きながら膝をつま先の外側に向かい押し出す（図6.5）。必要であれば最初の１か月はこの技術を習得するようにし，スクワットのエクササイズ終了後にシングルレッグスクワットの練習を加えるようにする。

カナダ人のストレングスコーチCharles Poliquinは図6.6に示すように，クリーングリップフロントスクワットに必要な柔軟性の発達を補助するために，ストラップの使用を推奨している。このグリップは私が唯一勧めるオルタネイティブグリップである。ストラップの使用によって，フロントスクワットで苦痛を訴える選手が少なくなった。また私たちのトレーニング施設では，選手は12週間のトレーニング後，バックスクワットの80～90％１RMでフロントスクワット１RMができるようになった。

図6.5　スクワットストレッチ

図6.6　ストラップを用いたクリーングリップでのフロントスクワット

●フロントスクワットに不安定要素を追加

過去数年間で，１週間のうちにリフト運動を行う回数について私のトレーニング哲学における変化が生じた。かつてはヘビーライトシステムにより，たとえばフロントスクワットのような特異的なリフト運動は週２回のうち１日をヘビーウエイト，もう１日をライトウエイトとした。しかしライトウエイトの日はモチベーションのアップや調整が難しかった。

そこで現在，私はライトウエイト日の代わりに，不安定日を入れている。不安定日では不安定な面上での動きで軽いウエイトを行うことを学ばせると同時に，バランスや固有受容器を発達させるといった２つの目的がある。また，選手は不安定な面上でうまくエクササイズするために必要な技術や重心の配分に対する集中力が要求される。

■ バランスボードスクワット　Balance-Board Squats

バランスボードスクワットは，フロントスクワットの技術の改善と同時に下半身の固有受容器に更に刺激を加えることができるすばらしい方法である。
このドリルはリーボックコアボード（p.22，図 4．3 参照）のようなバランスボード上で行うこと以外は，クリーングリップスクワットと同じ方法で行う。重い負荷でのバランスボードスクワットを行う場合は頑丈なボードでなければならない。私たちのボードは 2 cm厚のベニヤ板を10×25cmの大きさにし，10×10cmの正方形の土台を底に付けたものである。その土台は天板と床との接触が 8 cm以下となるように表面を整え，接着剤とねじで正方形の土台を固定している。もし自分でバランスボードを作製するのであれば，その製品の質に関しても自分で責任を負うということを再認識しないといけない。

図6.7　バランスボードスクワット

シングルレッグストレングスの習得

シングルレッグストレングスはストレングストレーニングにおいてその質を軽視されがちだが，スピードとバランスの改善と障害予防には不可欠なものであり，また機能的な下半身の基礎である。

すなわち多くのスポーツにおいて通常のスクワットのような両足での動きは機能的ではないといえる。両足でのスクワットを機能的ではないとするのは極端な見解だが，どのストレングスプログラムでもシングルレッグエクササイズの必要性は強調される。

残念なことに，ほとんどのストレングスプログラムは慣習的にスクワットやレッグプレスなどの両足エクササイズ，またはレッグエクステンションやレッグカールなどの曖昧な機能的でない下肢エクササイズのみを取り入れている。

両足が同時にグラウンドに接触するスポーツはいくつあるかというとそれほど多くはない。多くのスポーツスキルは片足で行われるということから，シングルレッグストレングスはストレングスプログラムの焦点になる。

ここで重要なことは，シングルレッグストレングスは特異的であるため，両足エクササイズでは発達させることができない。なぜなら，骨盤安定筋の動作は，スタンスが両足か片足かで異なるからである。

シングルレッグエクササイズでは中殿筋や腰方形筋（腰部の筋）が安定筋としての力を発揮するが，それらはスポーツスキルとして重要である。今やシングルレッグストレングスは障害予防の鍵と認識されるようになり，リコンディショニングプログラムや膝の障害予防プログラムにも含まれるようになっている。

シングルレッグエクササイズはレベル1～3に分けられ，トレーニングでどの段階であったとしても選手は全員，最初の3週間はレベル1から行う。レベル2では上級選手であればほぼすべてのエクササイズに負荷を加えることができるが，それはエクササイズが完璧に習得された時にだけ行うようにする。レベル1を習得した後はレベル2に進むか，あるいはレベル1を不安定な面で行う。不安定面を使用する際，順番は次の通りである。

①ハーフフォームローラー（円が上向きの状態）
②ハーフフォームローラー（円が下向きの状態）
③エアレックスマット

多くのシングルレッグエクササイズでは，はじめにボディウエイトプログレッションを利用する。たとえば最初の3週間は選手の体重だけを利用し，週ごとに片足につき8回，10回，12回と回数を増やす。これは簡単なプログレッシップレジスタンスの概念である。より上達した選手は負荷（バーやダンベル，ウエイトベストなど）を加えたくなるかもしれないが，シングルレッグでのトレーニングの経験がない選手には初期の段階では勧められない。選手が上達したとき，回数が5回以下にならなければどのシングルレッグエクササイズにでもプログラムに付け加えることができる。

■ スプリットスクワット　Split Squat　レベル 1

スプリットスクワット（図6.8）は，シングルレッグストレングスを発達させるのにとても簡単なエクササイズであり，シングルレッグプログレッションにおける最初のステップである。安定した2か所のポイントが地面に接した，ロングランジのポジションをイメージしてほしい。このポジションより，前足の膝を足首より前にしながら後ろ足の膝を床に接する動きをする。
これはランジエクササイズではないことに注意してほしい。また，このエクササイズには足部の動きが含まれていない。スプリットスクワットの効果は股関節屈筋群のダイナミックな柔軟性を向上させることである。

テクニックポイント

- ■前側の膝を足関節より前の位置で保ち，後ろ側の膝を床まで下ろすことに集中する。
- ■頭を上げ，胸を張る。両手を頭の後ろで組む方が効果的である。
- ■フロントスクワットまたはバックスクワットのポジションにダンベルまたはバーを付け加えることができる。
- ■前側の膝の位置を保ちながら殿部を下ろしていくことに集中する。後ろ側の膝は軽く屈曲させる。正しいポジションであれば，股関節屈筋のストレッチを行ったような感覚があるはずである。

図6.8　スプリットスクワット

■オーバーヘッドスプリットスクワット Overhead Split Squat　レベル 1

オーバーヘッドスプリットスクワットは股関節周辺と肩関節の柔軟性を同時に発達させることができる，スプリットスクワットの応用である。
また，オーバーヘッドスプリットスクワットは胸部を伸展させる筋を刺激し，その結果，姿勢改善にもつながる。このエクササイズはシングルレッグストレングスと下半身の柔軟性，そして上半身の柔軟性を改善する。この“1つで3つの価値がある”エクササイズは広範囲に価値のある動きである。
スプリットスクワットと唯一違う点は後頭部の上部で肘を完全に伸展させて，バーをつかむことである（図6.9）。

図6.9　オーバーヘッドスプリットスクワット

■ ワンレッグベンチスクワット　One-Leg Bench Squat　レベル 2

ワンレッグベンチスクワット（図6.10）は，後ろ足がベンチの上にある以外は，スプリットスクワットとほぼ同じである。片足は床の上で安定し，反対側はベンチの上で不安定である。後ろ足には支えがほぼないため，難易度は少し上がる。この体勢から前側の大腿部が床と平行に，後ろ側の膝が床に接触するくらいまで下降する。スプリットスクワットと同様にこのエクササイズには足の動きはなく，また股関節屈筋群のダイナミックな柔軟性を改善することができる。
このエクササイズは前述したように8回，10回，12回と回数を重ねていくボディウエイトプログレッションとして，またはダンベルやバーを用いた筋力トレーニング（できるだけ1セット5回とする。たとえば片足につき5回を3セット行う）として行うこともできる。

図6.10　ワンレッグベンチスクワット

■ ワンレッグボックススクワット　One-Leg Box Squat　レベル 3

ワンレッグボックススクワットはシングルレッグエクササイズの代表格である。すべてのシングルレッグエクササイズの中でもっとも難しく，もっとも効果的である。ワンレッグボックススクワットを行う前に，スプリットスクワットからワンレッグベンチスクワットへと段階を踏んでおく必要がある。ワンレッグボックススクワットは片足のバランスや安定性がない状態で行う。片方の足は床またはベンチに接触しないため，骨盤筋群は安定筋として機能しなければならない。ここでの重要なポイントは，骨盤の安定性がすべてのスプリントの動きで必要だとは言えないことである。スタンスレッグはスイングレッグによる補助なしに力を出さなければならない。このエクササイズがすぐにできなくても落胆することはない。たいてい初めの数回は不安定でぎこちなく感じる。シングルレッグスクワットの主な効果はバランスを発達させることである。それゆえ何回かやるうちに徐々にできるようになるはずである。

図 6.11　ワンレッグボックススクワット

テクニックポイント

- ■ 2.25kgのダンベル1組をそれぞれ両手で持ってボックスの上に立ち，大腿部が床と平行になるまでスクワットを行う。ダンベルの使用はよい考えとは思えないかもしれないが，その方がより簡単に動きを学ぶことができることがわかっている。
- ■ 足関節での動きを最小限に抑えるために踵（かかと）に重心を乗せ，膝が足の親指より先に出ないようにする。プレートまたは楔の上に立つとやりやすい。
- ■ 踵（かかと）の上に座りやすくするために，スクワットを開始する時はダンベルを肩の高さまで上げる。
- ■ 足関節を屈曲させてからではなく，まず膝関節を屈曲させてから始めることが重要である。これには十分に注意してほしい。

このエクササイズは2.25kgのダンベルで5回を3セットから開始する。また，どのトレーニングサイクル（たとえば，ストレングス期または筋肥大期）にいるかどうかにより，回数または負荷を上げることができる。ワンレッグベンチスクワットと同様，少なくとも1セット5回行う。

■ ランジ Lunge　レベル 3

ランジはすばらしいシングルレッグエクササイズの１つである。スクワットに代わる，簡単なエクササイズと勘違いされがちだが，実際にはランジは有効なエクササイズである。ランジが有効であり，かつ応用的なエクササイズである理由は，身体が前方へ動くとき下肢の筋は減速しなければならないということがあげられる。ランジがレベル３のエクササイズであるのは，減速のフェーズを適切に対応しなければならないためである。また，ランジによって殿部がダイナミックにストレッチされるので，ストレングストレーニングとウォームアップの中にもランジを含めるべきである。ランジは内転筋または股関節屈筋に問題がある選手にとって，とても効果的なエクササイズであろう。

図6.12　ランジ

テクニックポイント

- 背中は力を入れかつ弧を描き，上半身はまっすぐに保つ。
- 両足をそろえた状態から動作を開始する。
- 歩幅はおよそ選手の身長分とし，後ろ足の股関節屈筋群がストレッチできるよう十分長めに行う。
- 前足を元の位置に戻して終える。

筋持久力を向上させるためには片足につき15回程度行う。ランジは他のエクササイズと組み合わせて下肢のサーキットトレーニングに含めることができる。

●その他の機能的なシングルレッグエクササイズ

エクササイズに変化があるとプログラムに多様性をもたらすが，これらはとくにベテラン選手やリハビリプログラム向けである。種類が多すぎると選手はどれもやろうとして結局，何も得られないことが多い。今までに紹介したエクササイズは初心者向けの基本的なコアエクササイズであり，またきちんと能力が確立されるまでは基本的な段階を続けるべきである。選手が高いレベルに達したら，これから紹介するエクササイズをバリエーションとして使用できる。

■ ステップアップ　Step-Up　レベル 1

ステップアップは腰や膝に問題を抱えた選手向けのスクワットの代用である。また，スプリットスクワットに苦労している選手に対するレベル1のバリエーションである。ステップアップは通常のスクワットより一般的に腰と膝の両方に負担が少ない。

また，スクワットよりさらに少ない負荷で行えることも重要である。しかし，ステップアップは最初のエキセントリック収縮が不足しているため，膝に問題を抱える選手にとってはこれまでに紹介したどのシングルレッグエクササイズよりも難しいものであるかもしれない。

また，ステップアップは地面から足を蹴り上げることが簡単にでき，動作をごまかせるため，シングルレッグの動きとしてはあまりよくない。

ステップアップのバリエーションとしては他にハイボックスステップアップがある。このエクササイズでは膝と殿部がボックスに対して平行となるようにする。

より高さのあるボックスであればハムストリングスや殿筋の負担を増加させることができ，また接地時において足の動きが怠慢にならないようにすることもできる。

図6.13　ステップアップ

テクニックポイント

- ■足の90%はボックスの上に置く。踵(かかと)の一部分をボックスから出してもよい。
- ■踵(かかと)と中足部から押し下げ，体重が母趾球から移動しないようにする。
- ■頭と胸を張り，常に頭と肩から上に導くようにする。
- ■トップポジションでは支持脚でバランスを保つ。反対脚がボックスに触れないようにする。

■ ラテラルステップアップ　Lateral Step-Up　レベル 1

ラテラルステップアップは大腿部内側にある内転筋に大きな負荷を与える，ステップアップの変型である。ボックスの横側を使用し，外側に向かってステップアップする以外は，前方向へのステップアップと同様である。ラテラルステップアップはどのスポーツ選手でも用いることができ，とくにサッカーやホッケー選手には非常によいバリエーションとなる。
ステップアップの技術的なポイントを同じようにラテラルステップアップに応用する。ラテラスステップアップのフィニッシュポジションでも片足のバランスを必要とする。

図 6.14　ラテラルステップアップ

■ スライドボードバックランジ　Slide-Board Back Lunge　レベル 2

スライドボードバックランジは，シングルレッグストレングスやダイナミックな柔軟性，中等度の不安定性を組み合わせたエクササイズである。トレーニングとリハビリテーションのどちらの目的でもすばらしい動きである。このエクササイズはスライドボード全体ではなく，4 分の 1 を使用するだけで行うことができる。後ろ足はスライドボード用シューズを履き，バックランジで足を後方へとスライドさせる（図 6.15）。前足がシングルレッグスクワットをする間，後ろ足を前後にスライドさせる。両手は後頭部の後ろで組み，前膝が中足部より前になるようにする。

ストレッチと不安定性も含まれるため，このエクササイズではボディウエイトプログレッションを使用する。

図 6.15　スライドボードバックランジ

■ エレベーテッドスライドボードバックランジ　Elevated Slide-Board Back Lunge　レベル 3

このエクササイズはスライドボードバックランジに似ているが，さらなる可動域を与えるため前足を10～15cmのボックスの上に置く（図6.16）。既往歴に股関節屈筋の筋挫傷がある選手によい応用エクササイズである。

図6.16　エレベイティッドスライドボードバックランジ

■ スケーターズワンレッグスクワット　Skater's One-Leg Squat　レベル 3

このエクササイズはホッケーに特化したワンレッグボックススクワットである。体幹を直立させ，フリーになる足を前方外側にするかわりに，体幹を大腿部に触れるまで下げ（図6.17），そしてフリーの足をボックスの後方へと離す。
この前方へ屈曲させた体勢は，スケート選手のスタートポジションをまねている。

図6.17　スケーターズワンレッグスクワット

■ ラテラルスクワット　Lateral Squat　レベル 3

自体重でのラテラルスクワットはラテラルウォームアップでもストレングスエクササイズとしてでも使える。ラテラルスクワットは内転筋群のダイナミックな柔軟性を促進するすばらしいエクササイズである。両足を1.2mほど離して立ち，片側方向に座る動きをする（図6.18）。下降する時は踵に重心を乗せ，膝をつま先より前にする。このエクササイズでは足幅を広く取れば取るほどよく，身長が約170cmより高い選手は幅を1.2m以下にすると難しく感じるであろう。

ラテラルスクワットではボディウエイトプログレッションを使用する。また，ウエイトに負荷を加えるためにバックスクワットの体勢でバーを使用することができる。

図6.18　ラテラルスクワット

シングルレッグスタビリティの発展

選手はスプリットスクワットやワンレッグベンチスクワットのようなエクササイズは合理的に行うことができるが，ワンレッグボックススクワットでは苦労する。膝蓋軟骨軟化症（膝の軟骨が柔らかくなる）や膝蓋靭帯炎，または膝蓋大腿症候群など膝に問題を抱えている選手が頻繁にいる。私の経験からするとこのような選手は一般的に中殿筋が弱いため，スクワットの時に下肢を安定させることが難しい。中殿筋はランニング，ジャンプ，またはスクワットのようなシングルレッグ動作において下肢を安定させる第1の機能を持つ股関節の筋であるが，よくおろそかにされる。

ほとんどの選手は，筋力がこの機能を果たすためには不十分であるか，または神経学的にスイッチが入っていないと考えられる。その結果，中殿筋のかわりに膝を保護する構造が安定性を与えるように強いられ，これが腸脛靭帯や膝蓋靭帯，または膝蓋骨下の痛みとなっている可能性がある。

過去数年間，これらの問題は大腿四頭筋の筋力不足のせいにされ，医師や治療家はこの問題を解決するためにレッグエクステンションのような単純で，機能的ではないエクササイズを処方した。近年では，治療家やアスレティックトレーナーは，これら膝の問題は中殿筋の役割によるものと認識し始めた。選手に中殿筋の使い方を教え，簡単な筋力強化を促進するために，初期にはアイソレーションエクササイズが行われ，とくにベントレッグヒップアブダクションとストレートレッグヒップアブダクションの2つが用いられる。

■ ベントレッグヒップアブダクション　Bent-Leg Hip Abduction

ベントレッグヒップアブダクションでは，膝関節を90˚，股関節を45˚に屈曲させた状態で横になり，足の裏が脊柱のライン上にくるようにする（図6.19）。この体勢はフックライイング（両足を床に平らに置き，膝関節と股関節を両方屈曲した状態で仰向けに横たわる）を側面で横たわった状態である。

強度を高めるためには40～50cmのゴムバンドを両大腿部に巻きつける。腰椎を回旋させずに両足はくっつけたまま下肢を外転させる。殿部と肩はまっすぐに保ち，すべての動きは股関節から始まるようにする。一般的に第1週は1セット10回とし，週毎に2回ずつ増やしていく。ほとんどの選手がこのエクササイズを体幹回旋運動と誤って思っているが，腰椎の動きなしで大腿部を外転させなければならないエクササイズである。

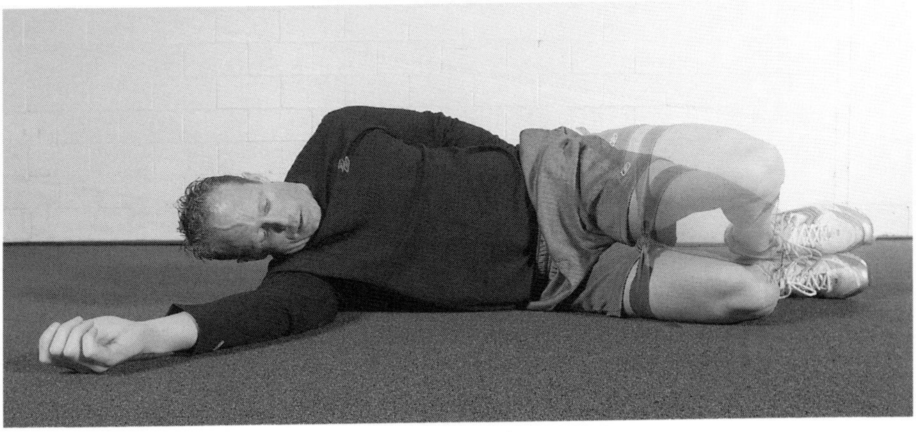

図6.19　ベントレッグヒップアブダクション（股関節外転）

■ストレートレッグ・ヒップアブダクション　Straight-Leg Hip Abduction

ストレートレッグ・ヒップアブダクション（図6.20）では両下肢を伸展させ，身体をまっすぐなラインした状態で横向きになる。上側にある脚の股関節をやや過伸展させて大腿部を内旋させ，この体勢から下肢を横向きに上げる。
これらのエクサイズは，選手に中殿筋を分離して動かすことを学ばせるのに非常に役に立つ。

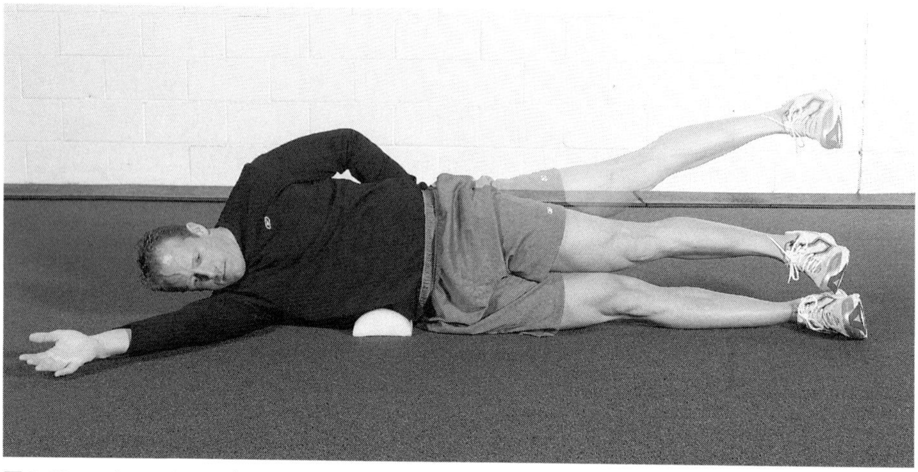

図6.20　ストレートレッグ・ヒップアブダクション

ここでは下半身のストレングスプログラムの基本を紹介している。スクワットとシングルレッグエクササイズはスピードとパワーを発達させる2つの鍵である。

これまでに示したプログレッションとガイドラインに従うようにする。簡単な方法を探そうとして，下半身用のマシントレーニングに戻ったりしてはならない。

座った状態や横になったままではバランスと柔軟性，そしてストレングスを発達させることはできないからである。困難な道こそ最善の道となる。

7 ハムストリングス強化のためのヒップエクステンションエクササイズ

大殿筋やハムストリングスといった股関節の伸展筋群の強化（ヒップエクステンション）は，ファンクショナルトレーニングのプログラムであっても軽視されている。そのようなプログラムでは膝関節伸展エクササイズには過大な時間が割かれるが，股関節伸展エクササイズはほとんどなされない。それに加え，ハムストリングスの強化といえば膝関節屈曲エクササイズばかりで，股関節伸展というハムストリングスのもう１つの機能が忘れられている。機能的ではない筋力トレーニングでは，いまもって古い知識に従ってプログラムが組まれている。解剖学のテキストではハムストリング群は膝関節の屈曲筋として説明されているが，最近の知見ではハムストリングスはむしろ股関節の強力な伸展筋であり，膝関節を安定させる役割があると示されている。機能的ではない場合ではたしかにハムストリングスは膝関節を屈曲させるだけだが，ランニング，ジャンピング，スケーティングのような機能的な状況ではハムストリングスや大殿筋は股関節を伸展させるために働く。したがって，腹臥位や立位でのレッグカールは選手にとってはまったくの時間の無駄といえる。なぜなら，レッグカールのような運動形態は実際のスポーツにおいては発生しないからである。このような機能的ではないレッグカールやアイソキネティックエクササイズをハムストリングのリハビリテーションに用いてきたことが，ハムストリングの肉離れを再受傷する理由の１つであろう。ただし，スタビリティボール（バランスボール）を用いてのレッグカールは足底が支持面に接地するクローズドキネティックチェーンのエクササイズであるので，このエクササイズは例外である。

ヒップエクステンションエクササイズ

ここではストレートレッグ・ヒップエクステンションとベントレッグ・ヒップエクステンションといった２つの代表的な股関節伸展エクササイズを紹介する。これら２つのエクササイズは大殿筋やハムストリングスを適切に鍛えるためには有効である。ベントレッグ・ヒップエクステンションはとくに大殿筋にのみ効果的であるとする専門家もいるが，クローズドキネティックチェーンでのエクササイズではそのようなことは生じない。足底がスタビリティボールあるいは地面に接地しているかぎり，これらのエクササイズは大殿筋とハムストリングスの両方を鍛えることができる。ストレートレッグ・ヒップエクステンションとベントレッグ・ヒップエクステンションでは大殿筋とハムストリングスのどちらか一方だけを鍛えるということはできない。もちろん，ストレートレッグ・ヒップエクステンションではどちらかというとハムストリングスが優位に，反対にベントレッグ・ヒップエクステンションでは大殿筋が優位に働くことは疑いないが，どちらのエクササイズでも大殿筋とハムストリングスの両方が働くのである。

スクワットなどで膝関節が屈曲する際にも大殿筋やハムストリングスがエキセントリックに収縮するが，これらの筋がもっとも活動するのは膝関節と股関節が伸展して立位姿勢にまで戻る時であることに注目してほしい。大殿筋とハムストリングスを最大限に使いたければ膝関節ではなく股関節の動きに着目すべきである。

この概念を理解するにあたって，フロントスクワットを例にとってみよう。このエクササイズでは，膝関節の動きに連動して股関節は約90°動くが，つまり膝関節1°に対してだいたい股関節も1°の割合で動く。よってこのエクササイズでは，膝の伸展筋と股関節の伸展筋が同等に意識される。

一方，ストレートレッグ・デッドリフトでも股関節は90°動くが，ハムストリングスが大殿筋の働きを補助しているのである。したがって，適切なプログラムを作成する際にはストレートレッグとベントレッグの両方で股関節の動きに着目したエクササイズを取り入れ，下肢をバランスよく鍛えるべきである。

6章と同様に，ここでのエクササイズも8-10-12ボディウエイトプログレッション法を採用しており，はじめの3週間は自体重負荷だけで行い，その後は反復回数を週毎に8回，10回，12回と漸増していく。

■ クックヒップリフト　Cook Hip Lift　レベル 1

これは理学療法士のGray Cook(グレイ・クック)が発案したエクササイズで，これによって股関節伸展筋と腰部伸展筋を分離して鍛えることができる。腰椎の動きが抑制されると股関節の可動性がいかに制限されるかに気づいていない選手は多い。

このエクササイズではまず，床に仰臥位になり，足底を床に接地させる。次に，テニスボールを肋骨の上に置き，ボールを抱えるよう膝を強く引き込む。この体勢から片足を床に下ろし，片足でボールを押さえつけたまま，接地した足底で床を強く押して股関節を伸展させる（図7.1）。ただし，この状態では殿部は床面から数センチメートルしか離れないことに気づくであろう。たしかにボールを押さえている力を抜けば殿部の動きは大きくなるが，それによって腰部伸展筋の活動が大きくなり，反対に股関節伸展筋の活動が小さくなる。それではこのエクササイズの目的が失われてしまう。このエクササイズの利点は3つある。

1. 大殿筋とハムストリングスを股関節の伸展筋として使える。
2. 股関節伸展筋と腰部伸展筋とを区別する感覚を教えることができる。
3. 殿部をうまく上げられない場合は，股関節屈曲筋のタイトネスを疑うことができる。

ハムストリングへの負担が著しい場合は，大殿筋がうまく使えていないと考えられる。その場合は8章の四つんばいで行うエクササイズを先に行い，まず殿筋の使い方を習得する。また，理学療法士であるNational Academy of Sports MedicineのMike Clark(マイク・クラーク)はこのエクササイズを用い，ハムストリングが弱い大殿筋を代償するために使われている様子を説明している。

図7.1　クックヒップリフト

■ハイパーエクステンション　Hyperextension　　レベル 1

ハイパーエクステンション（過伸展）という名称は，ファンクショナルトレーニングのエクササイズの中で最悪ではないかと思う。ハイパーエクステンションはバックエクステンションやバックレイズとも呼ばれるが，いずれにしてもストレングストレーニングの初期に必ず取り入れるべきエクササイズである。なぜならばこのエクササイズによって股関節伸展筋としての大殿筋とハムストリングスの正しい使い方を教えることができるからである。ハイパーエクステンションでは腰椎を伸展させるのではなく，あくまでも大殿筋とハムストリングスを使って股関節を伸展させることを意識すべきである。このエクササイズには3つの利点がある。

1. 脊柱起立筋（とくに腰部）を鍛えることができる。ただし，股関節の伸展筋をコンセントリックやエキセントリックではなくアイソメトリックに収縮させる。腰部の脊柱起立筋は正しい立位姿勢を維持するためには重要である。
2. 大殿筋とハムストリングスを股関節の伸展筋として鍛えることができる。一般的にはハイパーエクステンションは腰部の運動だと考えられているが，実際は大殿筋とハムストリングスの上部を鍛えるのに最適なエクササイズである。
3. 腰部とハムストリングスの柔軟性を高める。この動きによって，ハムストリング群がストレッチされるためである。

まずはボディウエイトプログレッション法で負荷を上げていき，続いて胸や頭の後ろで重りを持って負荷をかけるようにする。

図7.2　ハイパーエクステンション

■ ハイパーエクステンションホールド Hyperextension Hold レベル 1

ハイパーエクステンションホールドは，ハイパーエクステンションのバリエーションである。著名なストレングス&コンディショニングコーチであるPaul Chek（ポール・チェク）がこのエクササイズを初めて紹介した。彼は腰痛持ちの選手に対してアイソメトリックの入ったハイパーエクステンションを用いており，私たちもこの方法を採用している。このエクササイズは股関節がまっすぐになった状態（伸展された状態）で30秒間静止するだけであり，簡単に実行できる。さらに発展させる場合は1分間静止する。このエクササイズの対象は大殿筋とハムストリングス，そして脊柱起立筋である。親指を上に上げ（サムアップ），腕を真横に広げた状態でこのエクササイズをすると，肩甲骨の内転筋とローテーターカフの筋も鍛えることができる。
1週目は30秒間静止を3セット，2週目は45秒間を3セット，3週目は1分間を3セット行う。

■ フットエレベーテッド・ヒップリフト Foot-Elevated Hip Lift レベル 2

このエクササイズはクックヒップリフトの応用編として優れており，私たちのプログラムでも中心的なエクササイズとなっている。足底を置く床面をエアロビックステップ（ステップ台の商品名），バランスボード，フォームローラー，あるいはメディシンボールにするとエクササイズの難度が上がる。エアロビックステップの高さを10cm上げるとレベル2のエクササイズ，15cm上げるかバランスボードを用いるとレベル3のエクササイズになる。フォームローラーを用いるとレベル4になる。
フォームローラーのような二次元で不安定な接地面ではハムストリングスは股関節伸展の補助としてだけではなく，膝が伸展しないようにエキセントリックにも働く。
レベル5に上げるにはメディシンボールを用いる。三次元で不安定なボールは股関節の安定性にもっとも困難な課題を与える（図7.3）。そのとき，ハムストリングスは股関節が内転，外転しないよう股関節を安定させながら，膝関節と股関節の両方に働きかける。
どのレベルのエクササイズでも，8−10−12ボディウエイトプログレッション法で負荷を漸増させる。

図7.3　メディシンボールを用いたフットエレベーテッド・ヒップリフト

■ モディファイドストレートレッグ・デッドリフト Modified Straight-Leg Deadlift レベル 2

モディファイドストレートレッグ・デッドリフト（SLDL）はスクワットと同様に有害なリフト種目として誤解されており，あまり実行されていない。スクワットやデッドリフトなどこの類はフォームが悪かったり負荷が重すぎたりするとたしかに危険であるが，実際は正しいフォームと適切な負荷でなされるならば大変有効なエクササイズである。モディファイドSLDLは膝をやや屈曲させ，腰を軽く反らせて行う。ハイパーエクステンションのようにSLDLは脊柱起立筋にとってはアイソメトリックエクササイズであるが，ハムストリングスと大殿筋にとってはコンセントリックエクササイズである。腰部の脊柱起立筋はスクワットの時と同様に働く。このエクササイズは教えるのが非常に難しいリフト種目であり，荷重する前にバーなどで動き方を身につけてから行うようにする。

図7.4　モディファイドストレートレッグ・デッドリフト

テクニックポイント

- ダンベルを用いる場合はダンベルを順手で持って掌側を大腿部へ向け，大腿の前面外側に沿って下腿までダンベルを下ろす(図7.4)。
- バーを用いる場合はバーを順手で握り，腕をまっすぐに伸ばす。手首は屈曲させ，肘は伸ばす。
- 足はおおよそ骨盤の幅に広げ，膝はやや曲げる。
- 背部を軽く反らし，肩甲骨は内転させ，胸を上げた状態を保つ。
- 正しい立位姿勢を保ったまま，ハムストリングにストレッチ感が出るまでバーを大腿部に沿って下ろす。

SLDLのキーポイントは背部を軽く伸展させたまま，股関節から屈曲し，殿部を後ろに押し出すことである。つまり上体を前に倒すのではない。また体重は初め母趾球に乗っているが，負荷を下ろしていくにつれて殿部を後方に押し出しながら徐々に踵（かかと）へと移動する。エクササイズを通して背部の姿勢を保つことが大切であり，最低でも背部を平らにする。もしも背部が屈曲するようであれば，それはハムストリングスの適正な可動域を超えて負荷が下ろされた（股関節が屈曲した）ことを示している。このエクササイズでは脊柱起立筋はアイソメトリックに，そして大殿筋とハムストリングスはコンセントリックに働くことを再確認してほしい。そして，動きは股関節から生じるのであり，けっして腰部からではないことも確認してほしい。

トレーニングのレベルによって5～12回をマルチプルセットで行う。腰痛予防のため，5回しか反復できないような重量を設定してはいけない。パワーリフターでないかぎり，このエクササイズは比較的軽い負荷を用い，完璧なテクニックで行うことが重要である。

■ ワンレッグストレートレッグ・デッドリフト　One-Leg Straight-Leg Deadlift　レベル 2

ワンレッグSLDLは下半身後部全体のチェーン（大殿筋とハムストリングス）を鍛え，バランス能力を強化させるバリエーションエクササイズである。このエクササイズは安全で，楽しく，そして有効なものである。有効性の１つとして足関節の固有受容器が非常によく働くことがあげられる。私たちはこのエクササイズを両足ではなく片足で行うことをより好んで使う。なぜならば，ハムストリングスは両足で行うよりも片足で行う方がより機能的に働き，バランスや固有受容器の強化にとても効果的となるからである。さらにワンレッグSLDLは重い負荷を必要とせず，腰痛の危険性もほとんどない。ラテラルスクワットのように，このエクササイズは自体重でのウォームアップエクササイズとしても，負荷をかけた筋力トレーニングとしても利用できる。トレーニングレベルによって片足につき５～12回を２～３セット行う。

テクニックポイント

- ■ モディファイドSLDLのテクニックポイントを応用する。
- ■ 負荷が軽いので，モディファイドSLDLほど背部の姿勢に神経質にならなくてよい。
- ■ ダンベルは支持足とは反対側の手で握る。背面部が一直線になるように片方の足を持ち上げながら，腰部から上体を前傾させる（図７.５）。
- ■ ダンベルを支持足の外側の床につけるよう頑張る。

図7.5　ワンレッグストレートレッグ・デッドリフト

■ ワンレッグハイパーエクステンション　One-Leg Hyperextension　レベル 3

ワンレッグハイパーエクステンション（図7.6）はハイパーエクステンションの片足版である。片足で行うことで，エクササイズの難度と得られる機能的効果が増える。ハイパーエクステンションが20回できるようになった後にワンレッグハイパーエクステンションを行わせる。筋の機能性の観点からすると，片足では走動作のように一方のハムストリングスしか使えなくなるため，優れたエクササイズだといえる。

図7.6　ワンレッグハイパーエクステンション

スタビリティボールを用いたヒップエクステンションエクササイズの応用編

スタビリティボールを用いると，腰痛の危険を冒すことなくクロースドチェーンでハムストリングスを十分に働かせることができる。

ところが，初心者は殿部の動きを強調しようとして腰部の伸展筋を働かせてしまうため，注意が必要である。したがって，スタビリティボールは腰部を伸展させることなく股関節を伸展させることができるようになってから用いる。

前に紹介した床面でのヒップリフトでまず正しいテクニックを習得する。ボールを用いてのエクササイズは，正しく行うことが見た目以上に難しいので練習が必要である。エクササイズの注意点は腹部を常にドローイン（引き込む）しておくことと，股関節から伸展させることである。

これから紹介するスタビリティボールエクササイズでも，8-10-12ボディウエイトプログレッション法を用いる。

■ ツーレッグスタビリティボール・ヒップエクステンション：Two-Leg Stability-Ball Hip Extension レベル 3

スタビリティボール・ヒップエクステンションはクックヒップリフトの応用であるため，クックヒップリフトを習得してから行う。一般的には直径65cmのスタビリティボールを用いる。このエクササイズではハムストリングスと大殿筋が股関節伸展筋として使われる。ここでも動作は腰部の伸展からではなく，股関節の伸展から始まることに注意する。クックヒップリストを正しく習得し，股関節の伸展可動域と腰部の伸展可動域の違いを理解しておく。

テクニックポイント

- 足底をボールに置き，膝関節と股関節を90°に曲げる。
- 両腕は横に伸ばす。
- 大殿筋とハムストリングスを使って，足底でボールを押し込む。
- 膝から肩までが一直線になるまで殿部を上げる（図7.7）。
- 腰部ではなく，股関節を伸展させる。背部を安定させるために腹部を常に引き込む。
- 再度，腰部を伸展させるのではなく，股関節を伸展させることに気をつける。

図7.7　ツーレッグスタビリティボール・ヒップエクステンション

■ スタビリティボール・レッグカール　Stability-Ball Leg Curl　レベル 3

スタビリティボール・レッグカールは大殿筋と脊柱起立筋で体幹を安定させ，ハムストリングスでクローズドチェーンのレッグカールを行う，レベル3のエクササイズである。このエクササイズはハムストリングスのストレングスを鍛えるとともに体幹の安定性を発展させる。そのため，スタビリティボールレッグカールは私が唯一推薦できるレッグカールである。

テクニックポイント

■ 両足の踵をボールに乗せ，殿部を浮かせて肩で身体を支える。

■ 身体を一直線に保ちながら，足を使ってボールを身体の下に引き寄せる。

図7.8　スタビリティボール・レッグカール

■ ワンレッグスタビリティボール・ヒップエクステンション　One-Leg Stability-Ball Hip Extension　レベル 4

ワンレッグスタビリティボール・ヒップエクステンションはp.81のツーレッグヒップエクステンションよりも格段に難しいため，レベル4のエクササイズである。レベル1～3のエクササイズ，とくにフットエレベーテッド・ヒップリフトのエクササイズが習得できていない状態でこのエクササイズを行うと，ハムストリングスが痙攣あるいは肉離れする危険性がある。

テクニックポイント

■ 片方の足底をボールに乗せ，膝関節と股関節を90°に曲げる。

■ 両腕は横に伸ばす。

■ 足底でボールを押し込み，股関節を伸展させる。

■ ワンレッグスタビリティボール・レッグカール　One-Leg Stability-Ball Leg Curl　レベル 4

このエクササイズはスタビリティボール・レッグカールを片足で行うものである。このエクササイズもハムストリングスの痙攣を引き起こす危険性があるので，段階を追ってトレーニングした状態で行う。

膝関節と股関節のためのハイブリッドエクササイズ

エクササイズによっては膝関節優位のエクササイズなのか，あるいは股関節優位のエクササイズなのか区別できないものがあり，そこでこれらをハイブリッドエクササイズと呼ぶことにする。従来型のデッドリフトは勧められないが，それらもハイブリッドエクササイズの例である。私たちの施設での代表的なハイブリッドエクササイズは，ワンレッグスクワット＆タッチ，スケーターズワンレッグスクワット，トラップバーデッドリフトの３つである。膝関節と股関節の可動域はそれぞれエクササイズで相対的に異なる。ハイブリッドエクササイズは総合的な下肢のファンクショナルトレーニングであるため，ツーデイ・ワークアウト(two-day workout)に最適である。加えて，これらのエクササイズは野球，アイスホッケー，フィールドホッケーなど常に前傾姿勢を保つ必要のあるスポーツに適している。

■ ワンレッグスクワット＆タッチ　One-Leg Squat and Touch　レベル 3

ダンベルを片手に持ち，その反対の足で立つ。スクワットをしながら支持足の内側にダンベルを下ろし，膝関節と股関節を同時に屈曲させてこのエクササイズを行う（図7.9）。ただし，ワンレッグスクワットほど上体を起こしたり，ワンレッグSLDLほど上体を前傾させたりしてはいけない。かがむというよりは座るといったイメージのエクササイズである。
トレーニングレベルに合わせて５～12回を２～３セット行う。

図7.9　ワンレッグスクワット＆タッチ

■ スケーターズワンレッグスクワット　Skater's One-Leg Squat　レベル 3

スケーターズワンレッグスクワットは50～60cmの台の上で，片足にて行う(P.69，図6.17参照)。ワンレッグスクワット＆タッチのように大腿が胸につくまでスクワットする。このエクササイズでは膝関節と股関節の屈曲に伴い，ワンレッグボックススクワットとワンレッグSLDLの両方の効果が期待できる。
8−10−12ボディウエイトプログレッション法を経た後，ウエイトベストを着用して負荷を上げる。

■ トラップバーデッドリフト　Trap-Bar Deadlift　レベル 3

トラップバーデッドリフトでは専用のバーを用いるため，従来型のデッドリフトに比べて教えやすく安全である。菱形のトラップバーの中で負荷をかけながら簡単にかがんだり立ったりすることができる。従来型のデッドリフトとは異なり，前傾というよりは座るような体勢となるため，腰背部へのストレスは激減する。さらにトラップバーであれば下腿の脛(すね)部分にバーを近づける必要がないので，従来型のデッドリフトで考えられるような危険性を軽減できる。また，トラップバーはストレートレッグデッドリフトでも使用できる。
トレーニングレベルに合わせて5～12回を3～5セット行う。

大殿筋とハムストリングスを膝関節の屈曲筋としてではなく，股関節の伸展筋として協調させてトレーニングすることは，スポーツで多発するハムストリングスの肉離れを予防するための1つの手段である。選手やコーチ，トレーナーは解剖学書の説明からいったん離れ，筋の本当の機能を考えなければいけない。

ハムストリングスが膝関節の屈曲筋であることを今すぐに忘れて，かわりにハムストリングスは強力な股関節の伸展筋であり，ランニングではエキセントリック収縮によって膝関節の伸展にブレーキをかけていることを覚えておくとよい。

そして，ハムストリングスと大殿筋は膝関節伸展位と屈曲位の両方で働くことも忘れないでほしい。混乱してしまう人もいるかと思うが，この概念こそが強靱なハムストリングスを作りあげるのである。

Functional training for sports

8

体幹トレーニングと回旋の強化

本書の目的の1つは，すぐに取り入れて使えるアイデアを提供することである。ここでの情報はあらゆる選手の体幹機能を向上させるだけでなく，体幹の回旋を重要視するスポーツに関わるコーチや選手の関心も向上させる。これらのエクササイズはボールを打つためにより安定した基盤を発展させることに役立ち，メディシンボールエクササイズは打つ技術で使われるすべての筋群のパワーとコーディネーションを向上させる。体幹のトレーニングは野球のボールを打つ，ゴルフボールをより遠くに飛ばす，ホッケーのパックやあるいはテニスボールをより強く，かつ速く打つためのパワーを向上させる効果的なトレーニングである。

「体幹（torso）」は体の中央を意味する。体幹の筋には腹直筋，腹横筋，多裂筋，内・外腹斜筋，腰方形筋，そして脊柱起立筋があり，広義的には殿筋，ハムストリングス，股関節回旋筋群（股関節を交差している筋）がある。体幹のトレーニングは脊柱起立筋のトレーニングなしでは語ることはできない。また脊柱起立筋は殿筋とハムストリングスと連結させてトレーニングする必要がある。体幹トレーニングを説明するためにアブワーク，コアワーク，パワーゾーンといった最新の専門用語が使用されているが，体幹トレーニングはシンプルでより包括的なものである。

なぜ体幹に焦点を当てるのか。それは，体幹が上半身と下半身のストレングスを連結（リンク）しているからである。ところが，体幹のトレーニングはプログラムの最後に，しかも平凡で工夫のない方法で鍛えられている。以前は体幹の適切なプログラムを発展させるための時間と労力はほとんど費やされなかった。プログラムがあったとしても，それはたいていクランチやシットアップのような安定性や下半身から上半身への強力なリンクの必要がない，腹直筋の屈曲・伸展運動で成り立っていた。残念ながら体幹トレーニングはそのような方法でずっと行われてきたため，ほとんどの場合，不完全である。体幹の屈曲・伸展が行われるスポーツはいくつあるだろうか。答えはほとんどない。スポーツは体幹の安定性（スタビライゼーション）と回旋（ローテーション）を必要としているのである。

体幹エクササイズをプログラム中でいつ行うかという問題はよく議論されている。トレーニングプログラムの最後に行うことを推奨する人々は，安定性に重要な筋がトレーニング前に疲労する可能性をあげている。しかし私は，体幹エクササイズを“おまけ”や“必要のないもの”と思われないようにするために，ストレングスプログラムの最初に行うことを勧める。しかし私は，体幹エクササイズをトレーニングの最初に位置づけることで，体幹をスポーツトレーニングの鍵となる領域として定着させることができる。体幹は優先されるべきであり，よって腹筋や腹斜筋などのための体幹エクササイズ（脊柱起立筋，殿筋，ハムストリングスに関連するいくつかのエクササイズを除く）をトレーニングの始めに行う。負荷をかけた殿筋，ハムストリングス，脊柱起立筋のエクササイズは，腰部とハムストリングスに焦点を当てたトレーニング日のトレーニング中に適切なポイントで行うべきである。通常，体幹のエクササイズがすべて終了するまでは，選手はウエイトに触ってはならない。

体幹トレーニングは楽しいものではないかもしれない。体幹トレーニングはベンチプレスやカールで成される“鏡で眺めるための筋”にはならないが，体幹トレーニングは障害の減少とパフォーマンスの向上のための１つの鍵となる。体幹を鍛えている人々はよく，パフォーマンス向上よりも見た目によく鍛えられた腹筋に興味がある。しかし，強靭な体幹と外観とは何の関係もない。より強くシュートする，より遠くに投げる，あるいはより長く健康でいるためには体幹の筋を鍛えるべきなのである。

体幹トレーニングの基礎

体幹の筋には４つの基本的機能がある。

１．スタビライゼーション（安定）

体幹の筋の主要な機能であり，プログラム全体の最初の２～３段階目に取り入れる。スタビライゼーションは，次の３つのポジションで行われる。

ａ．立位

ｂ．ブリッジ（両足と両肩を床につけ，膝を90°に曲げる）

ｃ．四つんばい

２．ラテラルフレクション（側屈）

腹斜筋群と腰方形筋を同様に発達させる。

３．ローテーション（回旋）

ほとんどのスポーツスキル，とくに道具を使ってボールを打つこと，あるいは物を投げることに対する鍵となる。回旋は自体重とメディシンボールを使ったローテーショナルプログレッションによって行われる。

４．フレクション（屈曲）

スポーツではあまり起こらない動きである。

ほとんどのプログラムにおいて屈曲と伸展のエクササイズは多いが，側屈とスタビライゼーションのエクササイズはあまりない。抵抗のかかった回旋エクササイズは時々行われるが，速度のある回旋エクササイズはほとんどの場合，組み込まれていない。スタビリティボールが一般的に普及したことでスタビライゼーションエクササイズは増えたが，十分なプログラムとしては広がっていない。一部ではスタビリティボールが選手にとってもっとも応用的なエクササイズの道具となってしまっている。スタビライゼーションエクササイズははじめのうちは安定した面を利用するために床の上で行う。このことで選手が正しい動きのパターンを身につけることができる。不安定な面でのトレーニングはあくまでも応用であり，はじめには行わない。

もっともよい体幹エクササイズはスポーツに特異的な体勢，より的確にいえばスポーツで一般的な体勢である立位で行われることが多い。立位で行うことによって，メディシンボールスローやケーブルコラムエクササイズはベストな体幹エクササイズとなる。また，メディシンボールスローと立位でのケーブルコラムエクササイズは少なくとも従来の腹筋運動と同じ頻度で行われるべきである。（「従来の」とは，たとえば側屈，スタビライゼーション，屈曲・伸展エクササイズのような，腹筋や体幹運動と一般に考えられるエクササイズを意味する。）

メディシンボールトレーニングの長所

■ メディシンボールによって使用者がスポーツで一般的な体勢や様式でトレーニングできる。これらの様式はゴルフスウィング，テニススウィング，野球スウィング，そして他の多くの打撃スキルと類似している。

■ メディシンボールは従来の体幹の筋力・筋持久力エクササイズとパワー向上の橋渡しをする。メディシンボールエクササイズを体幹のプライオメトリクスとして考える。メディシンボールによってスポーツ中に発生するスピードと同様のスピードで筋肉を収縮させることができる。

■ メディシンボールによって地面から両足，体幹，そして最終的に両腕を通っていく力のチェーンがわかる。これが体幹機能の本質である。選手は重要なリンクとなる体幹で，力を地面からボールへと移動させる方法を身につける。

■ メディシンボールトレーニングはコンクリートの壁があれば１人で行うことができる。

■ メディシンボールを使った運動は身体全体のコンディショニング効果を持つ。

メディシンボールトレーニングの短所

■ 選手はよく体幹の働きをエクササイズ中のバーニング（灼熱感）によって判断するが，メディシンボールトレーニングの効果は次の日になるまで感じられない。

■ スペースが必要である。メディシンボールトレーニングは広いスペースとボールを投げつけるための壁を必要とする。

■ さまざまなサイズのメディシンボールが必要である。

ケーブルコラムトレーニングの長所

- ■ケーブルコラム体幹エクササイズは立位で行われる。
- ■ケーブルコラム体幹エクササイズはスタビライゼーションエクササイズからダイナミックレジステッドエクササイズ（dynamic resisted exercise）への発展を促す。
- ■ケーブルコラムは体幹エクササイズにおいてプログレッシブレジスタンス（progressive resistance）を用いることができる。

ケーブルコラムトレーニングの短所

- ■器具に費用がかかる。
- ■チョップとリフトのようなエクササイズは指導することも習得することも難しい。そして，コーチと選手は時間と労力を必要とする。
- ■どの新しい概念にも心理的抵抗がある。等尺性の安定性（isometric stabilization）に焦点を当て，立ちながら腹筋運動を行うといった考え方は選手やコーチが納得するには難しい概念である。

週間プログラムにおける体幹トレーニングの計画

1週間における体幹トレーニングの配分方法は次の通りである。

ツーデイ（two-day）プログラム，あるいはインシーズンプログラムでは，メディシンボールスローイングと従来の腹筋エクササイズを同じ日のトレーニングに組み合わせる。各セッションには1～2種類のメディシンボールエクササイズと従来の腹筋エクササイズを取り入れる。

スリーデイ（three-day）プログラムでは，メディシンボールの日（A）と従来の腹筋の日（B）を交互に行い，全部で3回のメディシンボールエクササイズと3回の従来の腹筋エクササイズを2週間で行う。ABAパターンを1週目に，BABパターンを翌週に用いる。

フォーデイ（four-day）プログラムでは，1日目に従来の腹筋エクササイズ，翌日にメディシンボールエクササイズを交互に行い，1週間でメディシンボールエクササイズと従来の腹筋エクササイズをそれぞれ2回ずつ行う。

どのように体幹エクササイズをプログレッションさせるかは難しい問題である。ほとんどの従来の腹筋エクササイズは最初に8～12回を3セット行う。回旋，側屈エクササイズは片側をそれぞれ10回行う。スタビライゼーションエクササイズは通常15秒間持続を3セット行うところから始める。右から左へ交互に行う必要があるスタビライゼーションエクササイズは，体勢を変える前に5秒間アイソメトリックに保持させる。理学療法士であるAl Visnick（アル・ヴィズニク）はこの概念を「もしあなたがスタビライザーを鍛えたいのであれば，同時にスタビライザーが安定するための時間が必要である」と述べている。1秒間の保持では5秒間収縮するのと同じ効果は期待できない。セットの長さは回数ではなく時間によって決める。12回行うのであればおよそ1分かかる。これらは一般的なガイドラインであり，選手の年齢と経験によって調節をする必要がある。

自体重を使ういずれのエクササイズも，次のような3週間のプログレッションで行う。

第1週：3×8
第2週：3×10
第3週：3×12

第3週の後，わずかだがより難しいバージョンのエクササイズへと応用し，いったん回数を減らし，再び同じプログレッション方法に従う。

体幹エクササイズはプログラムの他の部位と同じように必ず指導，監督されなければならない。体幹エクササイズをストレングスプログラムの最後まで残しておくかわりに，単純にプログラムの最初に行えばよいというのでは不十分である。

コーチは体幹エクササイズを他の部位と同様，あるいはそれ以上に指導するべきである。適切に指導された体幹プログラムはストレングスエクササイズ，ジャンプ，スプリント動作での体幹の体勢を維持する能力を向上させ，障害の減少やストレングスの向上，そしてスピードの向上を促進する。そして，これらの利点はけっして誇張ではない。

ドローインの習得

1999年にPerform Better functional training clinic（パフォーム・ベター・ファンクショナル・トレーニング・クリニック）において，広く尊敬されている理学療法士のMike Clark（マイク・クラーク）による腹筋トレーニングについての講義を聞いた。そこで私は少し困惑したことを認めなければならない。発表の要旨は「あなたが行っているすべての腹筋トレーニングは間違いである」という内容であった。

おもにオーストラリアでの新しい研究結果に基づき，腹筋のトレーニング方法において私たちは不覚にも遅れをとっていたとすぐに認識した。私たちがやってきたことはすべて間違いだったと証明されたが，では現在何を行っているのかと自分に問いかけた。たしかにMike Clark（マイク・クラーク）はすばらしい情報を持っていたが，私にとっては十分な答えではなかった。オーストラリアの新しい研究に関するMike（マイク）の解釈は，「腹横筋を使って腹部をドローインすることを選手に指導する必要がある」という考えを中心に展開していたが，研究し，論文を読むにつれ，この問題が少しはっきりとしてきた。説明を理解するには，少し解剖学の知識が必要になる。私が1974年に使った『Gray's Anatomy（グレイの解剖学）』では腹横筋の説明は約2行しかなく，しかもほとんど使われていない深部の腹筋であると述べられていた。事実，この筋は横行筋（transversalis）と表現され，解剖学書では基本的に無視されていた。オーストラリアの研究者のRichardson（リチャードソン）とJull（ジュル），Hodges（ホッジズ），Hides（ハイズ）は1999年に，腹横筋と多裂筋（私のテキストで無視していたもう1つの筋）は腰痛治療の手がかりとなる可能性を持つ鍵となる筋であると発表した。この研究は，腹横筋はほぼすべての四肢の動きが起きたときに最初に動員される筋であることを明らかにした。さらに，腹横筋と内腹斜筋は胸腰筋膜（脊部の結合組織）を起点としている唯一の腹筋であり，それゆえ腰椎の前屈に抵抗するために自然と「ウェストベルト（コルセット）」の役目をしているということもわかった。私はMikeの意見を信じていたが，ただ「ドローイン」とは実際には何か，そしてどのように多くの選手にドローインを指導すればいいのか迷っていた。

それに対する答えの手がかりは，妊婦用の雑誌から得られた。妊娠中，出産後の女性を相手にしている理学療法士は，深腹筋の使い方をとても創作的な方法で指導していた。以前のアスレティックトレーニングの世界ではコンセプトすら考えられていなかった。この理学療法士らは，腹横筋を強化することは出産と出産後の回復の両方に重要であると認識していたのである。

ほとんどの選手にとって，腹部をドローインすることを身につけるのは難しい過程である。大多数の選手は腹筋のトレーニングでは腹直筋のみに焦点を当て，屈曲と伸展の動きしか行っていなかったからである。また体幹のスタビライゼーションと屈曲では腹直筋をよく短縮させており，実際には腹部を押し出していた。このことはドローインの概念とは正反対であり，よってほぼすべての体幹エクササイズにおいて異なった効果をもたらしていたのである。オーストラリアの新しい研究では，なぜ腹筋が厚くて強い選手が過度な腰椎前弯の姿勢をし，腰痛に苦しめられているのかを説明している。何年もの間，多くのコーチと選手は間違った筋をトレーニングしてきた。腹直筋は胸部から恥骨まで走行しており，よって腰椎上では動くことができない。腹直筋の収縮は骨盤を後部に傾けるのみであり，腰椎を平らにはしない。

多くのエクササイズによって腹部のドローインを指導できる。だが1つのエクササイズがすべての人に最良に機能するわけではない。そこで，ライイングドローイン（lying draw-in），クアドラプトドローイン（quadruped draw-in），ニーリングオーバーヘッドドローイン（kneeling overhead draw-in），プローンドローイン（prone draw-in），スタンディングドローイン（standing draw-in）といった異なる体勢でのエクササイズと，これらのプログレッション法やバリエーションを紹介する。腹部をドローインすることは指導の難しい動きであることを覚えておくことである。そして，後に提案する視覚化（visualization）と支持者によって習得過程を速めることができることも覚えておいてほしい。

Stuart McGill博士による最近の研究（2002年発表）は驚くべきものであった。腰椎の専門家であるMcGillはドローインよりもむしろ“ブレーシング（bracing；引き締め）”を提案し，深腹筋と腹直筋の相互収縮としてのブレーシング論を大きく唱えた。ところが私は選手が何年もの間，鍛えてこなかった深腹筋を鍛えることが重要であると感じ，かつ腹直筋を使いすぎないようにさせた。実際に，どちらのアプローチ方法も深腹筋を発展させることで腰椎の安定性を増大させるという同じ目的を持っているので，ドローインとブレーシングのどちらを支持したとしても正しい。

すべてのドローインエクササイズはレベル1のエクササイズである。選手はこの概念を理解し，エクササイズのやり方を習得するのに4〜6週間かかるかもしれない。毎日個人指導を受ける選手であればもっと早く，グループであればもっと長く時間がかかるかもしれない。また，従来のクランチやシットアップを多く行ってきた選手はドローインの動きを習得するのに苦しむかもしれない。「腹直筋優位」なこれらの選手は，腹直筋をたえず収縮し，腹壁を押し出している。ヨガやピラティス，あるいはマーシャルアーツの経験がある選手であればたいてい，これらのエクササイズはよりシンプルなものであるとわかる。

■ ライイングドローイン　Lying Draw-In　レベル 1

ライイングドローインは，ほとんどの初心者が腹部のドローインを習得するのにもっとも簡単なエクササイズである。このエクササイズでは，2つのホッケーパックをテープで一緒に止め，ドローインの動きを視覚的に強化する。フォームローラーの上に頭を乗せて仰向けになり，膝の間に別のフォームローラーを挟む。パックは腰骨の線にそって置く。頭の下にローラーを置くことでパックが見えるようになり，腹直筋をリラックスさせ，腹横筋の動きに集中することができる。膝に挟んだローラーは内転筋を使い，骨盤底をより関わらせようとする。膝でローラーを強く押し，クランチの動きをせずにパックを腹部の方に引き下ろすようにする（**図8.1**）。ポイントは腹直筋を動員せずに腹横筋を動員することである。次のように視覚化することで，腹部のドローインがよりやりやすくなる。

1. へそを脊柱につくように引っ張る。
2. ウエストの高さにある狭いスペースで挟んだ2つの物体を押し潰すことを思い描く。
3. 世界中でもっともきついズボンのジッパーを閉めるようなイメージをする。

図8.1　ライイングドローイン

レベル１のエクササイズでは１セット５回，それぞれ５秒間保持する。１回ごとにリラックスし，パックを２〜３秒間持ち上げる。これを３セット行う。レベル２のエクササイズでは５秒間の収縮を８回３セット行う。

■ クアドラプトドローイン　Quadruped Draw-In　レベル 1

ドローインを教えるもう１つの方法は，四肢を地面につけて始める。四つんばいと呼ばれるこの体勢では，内臓が腹直筋に対して重みで押し下がっている。選手は腹壁を脊柱の方に，背中をアーチ形に丸めずに引き（図８.２），ドローインしながら息を吐き出す。内転筋群を使うために，膝に挟んだ30〜45cmの長さのフォームローラーを強く押す。内転筋群は腹筋と一緒に恥骨中部で結合しているため，ローラーを強く押すことによって骨盤底部全体の収縮を高めることができる。ライイングドローインと同様のプログレッション方法を用いる。

図８.２　クアドラプトドローイン

■ ニーリングオーバーヘッドドローイン　Kneeling Overhead Draw-In　レベル 1

ニーリングオーバーヘッドドローインは次の3つの理由により，非常にすぐれたエクササイズであるといえる。

1. 四つんばいからより少し機能的な態勢である膝立ち姿勢（kneeling position）へと自然に応用できる。
2. 選手にできるだけ高く伸びるようにと要求することによって理解を促しやすい。体幹を伸ばすために自然と深腹筋を連携させる。
3. オーバーヘッドドローインは反射機能として働く。まったく届かない棚の上に箱を置こうとする状況を心に描いてみる。あと何cmかで届きそうになったとき，深腹筋群は反射的にスイッチが入り，不足分が補われる。

フォームローラーを膝で挟み，負荷を加えるためにメディシンボールを頭の上で保持する（図8.3）。メディシンボールから実際のウエイトプレートに応用してもよい。私たちの施設では，このエクササイズで20kgを使う者もいる。
5秒間の収縮を5回，3セット行う。

図8.3　ニーリングオーバーヘッドドローイン

■ プローンドローイン　Prone Draw-In　レベル 1

プローンドローインはドローインを指導するのに役立つ，もう１つのエクササイズである。テニスボールをへそかそれより少し下の位置に，骨盤の線に沿って置き，その上にうつ伏せになる。
そして，ボールから離れるように腹壁を持ち上げる（図8.4）。腰を持ち上げず，腹壁だけを上げるようにする。
５秒間の収縮を５回，３セット行う。

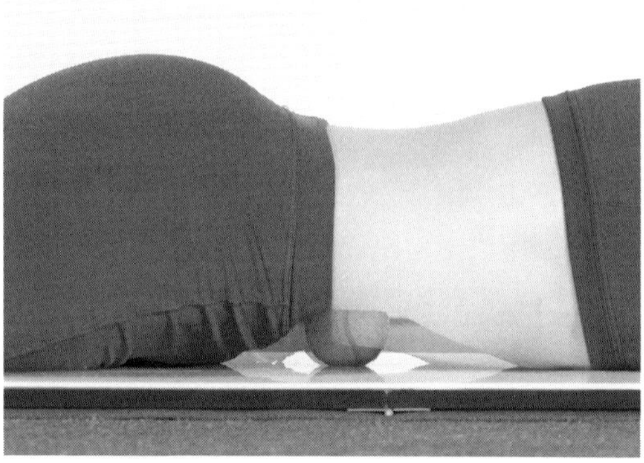

図8.4　プローンドローイン

■ シーテッドドローイン　Seated Draw-In　レベル 1

シーテッドドローインはスタビリティボールの上に座って行う。図8.5のように110cmの長さのロープをウエストの周りに巻き，端をそれぞれ手で持つ。この態勢より，腹部をロープから離すようにドローインする。自分自身をできるだけ上に高く，細くするようイメージする。
ロープを使ってドローインの動きを強化する。

図8.5　シーティッドドローイン

■ スタンディングドローイン　Standing Draw-In　レベル 1

スタンディングドローインは立位で行うこと以外はシーテッドドローインとよく似ている（図8.6）。このエクササイズは立位といったもっとも機能的な態勢で行う。ドローインした後，ウエストに巻いたロープを徐々に締めていく。「高く，細く」と考えること。このエクササイズによってドローインの概念をより簡単に理解できる選手もいる。
このエクササイズは他のドローインエクササイズとは違って，グループで行うととてもうまく機能する。

図8.6　スタンディングドローイン

■ 股関節屈曲・スタンディングドローイン　Standing Draw-In With Hip Flexion　レベル 1

立位で腹部をドローインしながら，片方の膝をウエストの高さまで持ち上げる。股関節屈曲が10回行われている間，深腹筋は等尺性筋収縮を維持していなければならない。ウエストに巻かれたロープはドローインの動きを強化する。

ドローインに動きを結びつける

私はドローインエクササイズに動きを意識的に結びつけてみようとした。体幹プログラムを発展させるにあたり，他のコーチと同様に「デッドバグ（dead bug)」あるいは「ダイイングバグ（dying bug)」と一般的に呼ばれるエクササイズ（昆虫が死ぬ時に背臥位になるため，そこから名前がついた）を試みた。深腹筋スタビライザーの機能とドローインの概念を理解し始めるまで，これらのデッドバグエクササイズは効果がないように思えた。選手はほとんど疲労しないで何百回も行うことができ，そして彼らが感じた疲労はほとんど股関節屈曲におけるものであったからである。

当初は，よく鍛えられた選手はライイングドローインのようなエクササイズから支持なしのデッドバグの動きでのドローインまで，簡単にすぐ移行できるだろうと考えていた。しかしこれは間違いだった。動きが加えられるとすぐに，選手はもはや骨盤の動きをアイソメトリックにコントロールできなくなっていたのである。まずは，簡単にできるシンプルなスパインオルタネイトレッグエクステンション（supine alternate leg extension）から試みたが，どの選手もこの動きを行うのに深腹部のコントロールを十分にできなかった。よってデッドバグエクササイズに戻らざるを得なかった。

Watkins（ワトキンス）博士の研究（1996）では，なぜ床上で足が支持された態勢から，股関節を90°に屈曲し，足が支持されない態勢へと段階を踏まなければならないのかが明らかにされている。足が支持された態勢では深腹部には最小限の動きでストレスをかけることができるからである。

ここ数年，私は腹部のドローインと四肢の動きを統合させるため，次のプログレッションを試みた。このプログレッションで適切にエクササイズを行えば，深腹筋群への負荷を大幅に増大させることができる。

■ ニーフォールアウト　Knee Fallouts　レベル 2

ニーフォールアウトは，動きと腹部のドローインでのアイソメトリックな動きを，強力な股関節屈曲筋群によって腰椎が抑制されない状態で統合させる方法である。多くの選手は股関節屈曲筋群がよく発達しているためにデッドバグエクササイズの動きが難しくなる。ニーフォールアウトでの外転-内転の動きは，内転筋の動きと腹横筋，内腹斜筋のスタビライゼーションとを連携させている。

仰向けになり，ローラーを頭の下に置き，膝には挟まずにライイングドローインを行う。この態勢から，腹部をドローインしながら膝を「フォールアウト（降下）」させる（図8.7）。ドローインは10回，アイソメトリックに維持する。もし簡単にできるようであれば，おそらく腹横筋収縮が維持されていないと考えられる。また，コーチは選手の顔に緊張と集中の両方を見ることができ，その表情は判断材料にもなる。エクササイズは多少機械的であるので，腹部を継続してドローインすることに集中する。ボディウエイトプログレッション法に従い，1週目は10回，2週目は12回，3週目は14回行う。

図8.7　ニーフォールアウト

■ シングルニーフォールアウト　Single-knee Fallouts　レベル 2

ニーフォールアウトと同様だが，一度に片足ずつ動かす。

■ 股関節屈曲・ライイングドローイン（支持足あり）Lying Draw-In with Hip Flexion（Feet Supported）　レベル 3

このエクササイズはデッドバグエクササイズの初期の段階である。腹部にホッケーパックを置いてライイングドローインの状態をアイソメトリックに持続し，床から片足を持ち上げて股関節を屈曲させる（図8.8）。反対側の足は骨盤をさらに支持するために，床に接地させておく。コーチはニーフォールアウトの時と同様に，選手の顔に緊張と集中の両方の表情を見ることができる。またコーチは選手の腰の下に手を入れ，スペースがないか確認する。このエクササイズが適切に行われていれば腰椎と床の間のスペースはなくなる。このエクササイズの鍵は，深腹筋を収縮することによってスペースをなくすことと，腹直筋を使わずに骨盤を後方へ傾けることである。

図8.8　股関節屈曲・ライイングドローイン（支持足あり）

■ 股関節屈曲・ライイングドローイン（支持足なし）
Lying Draw-In With Hip Flexion (Feet Unsupported)

レベル **3**

まず腹部にホッケーパックを置き，膝を90°に曲げてライイングドローインの体勢をアイソメトリックに持続する。そして両足を地面から離し，股関節を90°に屈曲させる(図8.9)。アイソメトリックにドローインしている間，片方の足を床につくくらい低くする。p.97のライイングドローインエクササイズとおもに異なる点はストレスと安定性である。足で支持していない状態よりも支持した方が当然，より簡単に安定する。これは多くの選手にとって，前出の足で支持するバージョンよりもやや難しい応用編であるため，もしこれが簡単にできるのであれば，それは間違ったやり方といえる。また，コーチは選手の顔に緊張と集中の両方を見ることができるだろう。

図8.9　股関節屈曲・ライイングドローイン（支持足なし）

■ 股関節屈曲・伸展・ライイングドローイン（支持足なし） Lying Draw-In With Hip Flexion and Extension（Feet Unsupported）

レベル 3

股関節屈曲・伸展を伴ったライイングドローインは腹部にホッケーパックを置き，膝を90°に曲げ，床から両足を離してライイングドローインの体勢をアイソメトリックに持続し，股関節を屈曲，伸展する（図8.10）。その際，ドローインの態勢でパックを維持しながら，できるだけ遠くに脚を伸展させる。これは脚を伸展させることでてこの作用が加わっているので，股関節屈曲のみのバージョンよりもわずかであるが難しい。腰椎での股関節屈曲筋群による引きは脚を伸展する時よりも大きくなる。これまでに解説したすべてのライイングドローインエクササイズと同様に，もし簡単にできるならば，間違ったやり方をしているといえる。

図8.10　股関節屈曲・伸展・ライイングドローイン（支持足なし）

■ デッドバグ　Dead Bug　　レベル 3

デッドバクはプログレッションにおける最後の段階である。腹部をドローインしながら両手両足を床から離す（図 8.11）。このエクササイズは難しく，多大な集中力を必要とする。コーチは選手の腰の下のスペースをチェックし，選手の表情を継続的に監視する。これらのエクササイズはけっして簡単には見えない。この動きのあるドローインエクササイズをグループで行うのは効果的ではない。よって選手がこのエクササイズを習得するためには 1 対 1 で指導し，継続的に監視することが必要である。ちなみに，これらのエクササイズを指導することによって，背臥位でのプログレッションがいかに難しいかを正しく認識できる。

図 8.11　デッドバグ

ドローインと屈曲・伸展エクササイズの組み合わせ

私たちのトレーニング施設での腹部トレーニングは最初に，屈曲・伸展エクササイズのかわりにドローインエクササイズを行う。たいていの選手は腹直筋が優位なため，ドローインと屈曲・伸展を組み合わせたエクササイズを紹介する前に，腹横筋が腹直筋と独立して機能できることを確実にする。

また，プログレッションは少なくとも 9 週間かかる。これらのエクササイズでは骨盤は固定され，肩甲帯は骨盤の方向に動く。体幹の屈曲の角度はドローインの動きにより大幅に減少する（腹横筋には強い反屈曲作用があることを覚えておくこと）。

もしドローインクランチが簡単にできるのであれば，それは間違った方法で行っているといえる。ほとんどの選手はシンプルなクランチで腹直筋を使いながら，同時にドローインを維持することに苦労する。最終的にプログレッションは同じ屈曲・伸展エクササイズに戻るが，ドローインは継続する。

■ ドローインクランチ　Draw-In Crunch　レベル 4

ドローインクランチは腹部のドローインと従来の体幹の屈曲・伸展を組み合わせた，最初に行うエクササイズである。ドローインクランチはライイングドローインとショートレンジクランチが組み合わさったものである。クランチを行いながら，ドローインの動きを維持することがポイントである（図8.12)。これは簡単な動作ではないため，もし簡単に行えるのであれば，おそらくドローインを維持できていない。このエクササイズの鍵はドローインしてその体勢を持続し，そして腹直筋を収縮させることである。

５秒間の維持を10回，１セット50秒間から始め，プログレッションでは５秒間維持を12回，14回へと増やしていく。１セット行えばよい。

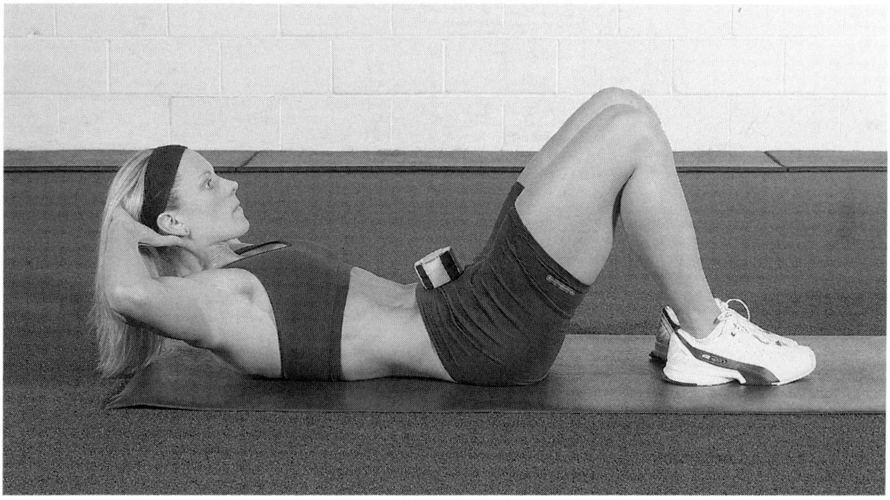

図8.12　ドローインクランチ

■ ストレートレッグドローインクランチ　Straight-Leg Draw-In Crunch　レベル 4

ストレートレッグドローインクランチはドローインクランチと同じであるが，脚を伸ばして行う。この応用的な屈曲・伸展エクササイズはドローインを習得してから，回数を制限して行う。

５秒間の維持を10回，１セット50秒間から始め，プログレッションでは５秒間持続を12回，14回へと増やしていく。１セット行えばよい。

■ エクステンドドローインクランチ（Extended Draw-In Crunch） レベル 4

エクステンドドローインクランチは選手がドローインを習得した後に紹介する，もう１つの応用的な屈曲・伸展エクササイズである。最初にドローインすることを常に意識し，それから腹横筋と腹直筋の両方を収縮するショートレンジクランチを行う。

スタート時にボールの高さを選手の骨盤と肩がだいたい同じ高さになるようにする（図8.13）。これはよく鍛えられた選手向けの，非常によい上級エクササイズである。可動域が広範囲になることでエクササイズはもっとも難しくなる。

５秒間の維持を10回，１セット50秒間から始め，プログレッションでは５秒間持続を12回，14回へと増やしていく。１セット行えばよい。

図8.13　エクステンドドローインクランチ

■スティッククランチ　Stick Crunch　レベル 4

スティッククランチも難しい屈曲・伸展エクササイズであり，私が勧める唯一のシットアップ型エクササイズである。スティッククランチにはリバースクランチ（肩は下につけ，足はスティックの下にする），トータルクランチ（股関節と肩の両方を床から離す），レギュラークランチ（肩を床から離す）など，数多くのバリエーションがある。

選手はあらゆる努力をして，スティックが足を越えるようにする。このエクササイズはスティックがつま先を越えているか，そうでないかで簡単に評価できる。この動作の終わり（スティックが足を越える）がはっきりしているので，選手は明らかな達成感を感じる。スティッククランチの利点の１つは，肩甲骨と股関節の可動性の改善である。選手の多くがこのエクササイズは難しいと不満を言うが，たいていは習得できるようになる。ただし，スティッククランチは腹直筋主体のエクササイズであるため，控えめにする。ボディプログレッション法に従って，３×10回，12回，14回と増やす。

図8.14　スティッククランチ

スパイン（仰臥位）プログレッション

スパイン（仰臥位）プログレッションは，体幹トレーニングプログラム全体の中でもっとも重要な部分かもしれない。理由は２つある。第１に，選手はたいていこのエクササイズを怠りやすい。このエクササイズを腰部やハムストリングスのエクササイズとみなす傾向があり，それゆえ障害予防のためのエクササイズという意識が少ない。そして，多くの選手が強い腰部にするには前面にある筋を鍛えることだと信じている。このスパインプログレッションでは，脊柱から多裂筋にわたる背部をターゲットにしている。第２に，スパインエクササイズは多裂筋を訓練あるいは再訓練する。多裂筋は腹横筋とともにオーストラリアで研究が行われ，最近大きな注目を浴びている。この研究では腰部の受傷後，多裂筋と腹横筋は急速に萎縮すること，そして腰痛の既往歴のある選手は再訓練しなければならないことを明らかにしている。多裂筋は脊柱起立筋群の中でもっとも深部にある筋であるが，伸展には使われない。そのかわり，個々の椎体間において回旋を安定させる役割を果たす。多裂筋のエクササイズでは脊椎に回旋によるストレスを加えなければならない。多裂筋の訓練あるいは再訓練は，体幹と腰部のリハビリテーションプログラムにおいてもしばしば軽視されている。深腹筋群が非常に注目されているが，脊柱そのものを安定させる能力の方がより重要である可能性がある。スパインプログレッションで，各エクササイズを正しく安全に行うために必要な動きのパターンがわかるようになる。また，プログレッションでは多裂筋を対象としている。

■ クックヒップリフト　Cook Hip Lift　レベル１

これは殿筋とハムストリングス，そして体幹に焦点を当てたレベル１のエクササイズである。クックヒップリフトについては７章（p.75）で，殿筋とハムストリングスのストレングスを強化するエクササイズと述べた。さらに重要なのは，このエクササイズによって股関節の可動域と腰椎の可動域の重要な違いがわかるようになることである。このことはすべてのスパインエクササイズにおける重要な目標である。また，ハムストリングスと殿筋を対象とした多くのエクササイズでは，股関節よりも腰椎での可動域の方が間違って使いやすい。

クックヒップリフトはフックライイング（hook-lying）の態勢で仰向けになり，片方の膝を胸に向かってきつく引き寄せ，腰椎の動きを制限する。膝をきつく維持するために，胸郭の下部付近にテニスボールを置き，大腿部を引き寄せてボールを挟み込む。セット中にボールが落ちないように注意する。反対側の膝は90°に曲げ，足底を床に平らにつける。そして，足底で床を下に押しながら股関節を伸展させる。もし最初に可動域が制限されたとしても驚くことはない。

このエクササイズには２つの目的がある。

①股関節と腰椎の可動域の違いを知る。
②エクササイズの相反的特性により，付加的に腰筋部がいくらか柔軟になる。
腰筋をリラックスさせずに殿筋とハムストリングを収縮することはできないからである。

ボディウエイトプログレッション法に従い，片足ずつを３×10回，12回，14回と増やしていく。

■アイソメトリックスパインブリッジ　Isometric Supine Bridge　レベル１

クックヒップリフトで学んだ股関節可動域の知識を今度はブリッジの態勢で活用する。フックライイングの態勢から開始し，腰を引き上げ，膝から股関節を通って肩までまっすぐなラインを作る（図８.15）。腰椎を伸展させるのではなく，殿筋とハムストリングスを使ってこの姿勢を作り，維持する。股関節を下げてしまうとこのエクササイズの効果が大幅に減少する。１番重要なことは腹部をドローインし，この体勢をとにかく維持することである。このエクササイズを行う前に，股関節の動きと腰椎の動きの違いをクックヒップリフトのようなエクササイズを通して理解しておくことが重要である。この違いを理解していない選手はたいてい，股関節を伸展しようとして腰をアーチ形に曲げる。30秒間維持を３回行う。

図８.15　アイソメトリックスパインブリッジ

■ アイソメトリックシングルレッグスパインブリッジ Isometric Single-Leg Supine Bridge レベル 2

このエクササイズはフックライイングの態勢から開始するが，片足は床から離して伸展させ，股関節を引き上げ，膝から股関節を通って肩までまっすぐなラインを作る（図8.16）。

そして腹部をドローインし，足底で床を下に押し，こぶしを強く握るように殿筋を引き締め，この体勢を維持する。

片側それぞれ15秒間維持を 3 回行う。

図8.16 アイソメトリックシングルレッグスパインブリッジ

■ ブリッジオルタネイトマーチ　Bridge With Alternate March　レベル 3

プログレッションにおける次の段階は，小さな交互の“行進（マーチ）”をアイソメトリックブリッジに加えることである。片足を持ち上げ，次に交代に反対の足を床から離す。物差しを腸骨の頂点を横切るように置いて目標として用い，足を持ち上げているときに反対側の殿部が下に落ちないよう意識する。このプログレッションでは多裂筋を対象とし，4か所の支持部分（両肩と両足）から3か所の支持部分（両肩と片足）へと移行して脊柱に回旋ストレスを加えていく。かかとを下に押し，支持足と同じ側の殿筋を収縮する。
5秒間維持を10回（片側5回ずつ），1セット行う。プログレッションでは12回，14回へと増やしていく。

図8.17　ブリッジ・オルタネイトマーチ

クアドラプト（四つんばい）でのプログレッション

クアドラプトエクササイズはよくリハビリテーションエクササイズとしてみなされ，ストレングス&コンディショニングコーチやアスレティックトレーナーには軽視されてきた。強い腹筋こそが強い腰部を意味するという古い学説が大きな原因であると考えている。

クアドラプトエクササイズは，スパインプログレッションのように一見してすぐには理解できないかもしれないが，それは単にこれらのエクササイズが間違って行われているからにすぎない。多くの場合，これらのエクササイズの結果は意図したものと反対になりやすい。クアドラプトエクササイズでは，体幹を安定させながらどのように殿筋とハムストリングスを動員すればよいかがわかる。そのかわり，しばしば腰椎の伸展（あるいは過伸展）を股関節伸展として覚えてしまうことがある。このクアドラプトプログレッションの目的は，深腹筋と多裂筋を使って体幹を安定させることと，股関節伸筋群を同時に使って股関節を伸展させることである。股関節は腰部の伸展あるいは回旋によって補わなければならないため，腰痛の多くは股関節の可動域と機能が乏しいことと関連しているといえる。

■ クアドラプトドローイン　Quadruped Draw-In　レベル 1

p.92で説明しているように行う。四つんばいから始め，腹部をドローインした時に息を吐き出す。30〜45cmの長さのフォームローラーを膝の間で押し，内転筋群を使う。ローラーを押すことで骨盤底部分全体を収縮させ，強化することができる。

■ クアドラプトヒップエクステンション：ストレートレッグ，ダウエルパラレル（脚を伸ばし，棒を身体と平行にする） Quadruped Hip Extension: Straight Leg, Dowel Parallel　レベル 1

クアドラプトヒップエクステンションのプログレッション方法はシンプルである。まず股関節と膝を伸展させ，その体勢を5秒間保持し，逆側を同様に行う。レベル1では棒や筒のような細長いものを脊柱に沿って置き，バランスを保ちながら行う。一見簡単なようだが，実際にこれを達成することは難しい。棒が邪魔にならないように，あるいは腰椎が棒から離れないようにして片脚を伸展させる（図8.18）。腰椎曲線の変化は棒と腰椎の間のスペースが増えることによって簡単に見てわかる。深腹筋群と多裂筋群を経由し，腰椎を適切にコントロールすることで，腰椎が伸展することなく股関節を伸展できる。

5秒間維持を10回，12回，14回へとプログレスする。

図8.18　クアドラプトヒップエクステンション：ストレートレッグ，ダウエルパラレル

■ クアドラプトヒップエクステンション：ストレートレッグ，ダウエルパペンディキュラー（脚を伸ばし，棒を身体と垂直にする） Quadruped Hip Extension: Straight Leg, Dowel Perpendicular　レベル 2

棒を脊柱と平行に乗せて脚を伸ばすバージョン（図8.18）を習得した後は，棒を腸骨より上で，脊柱に対して垂直に置く（図8.19）。股関節と膝の伸展を同じように行うが，ここでの目的は腰椎の回旋の代償を取り除くことである。

図8.19　クアドラプトヒップエクステンション：ストレートレッグ，ダウエルパペンディキュラー

■ クアドラプトヒップエクステンション：ベントレッグ，ダウエルパラレル（脚を曲げ，棒を身体と平行にする） Quadruped Hip Extension: Bent leg, Dowel Parallel　レベル 3

レベル3では棒を再び脊柱に対して平行に置くが，脚をまっすぐにするために，股関節と膝を伸展させるかわりに膝を曲げて脚を伸展させ，さらに殿筋を孤立（強調）させる。

■ クアドラプトヒップエクステンション：ベントレッグ，ダウエルパペンディキュラー（脚を曲げ，棒を身体と垂直にする） Quadruped Hip Extension: Bent Leg, Dowel Perpendicular　レベル 4

レベル4では膝を曲げ，股関節で脚を伸展させる。棒は脊柱に対して垂直に乗せる。

■ クアドラプトオルタネイティングアーム&レッグ　Quadruped Alternating Arm and Leg　レベル 4

クアドラプトヒップエクステンションに腕と脚の交互の動きを加える（図8.20）。これは初心者ではたいていうまくできない，応用的なエクササイズである。

今までに説明したクアドラプトヒップエクステンションエクササイズはすべて5秒間維持し，ボディプログレッション法を使って10回，12回，14回とプログレスする。

図8.20　クアドラプトオルタネイティングアーム&レッグ

ヒップ・ショルダーの屈曲・伸展エクササイズ

肩を股関節に引きつけるエクササイズや，時には股関節を肩に向かって動かすエクササイズを加えることができる。今まで見てきたように，体幹の筋群は従来のクランチやシットアップの動き以外にも多くの動きを行うことができる。これらのエクササイズは非常に優れたドローインの能力を持った選手や，より大きな挑戦を求めている選手向けである。

■ ヒップスラスト，ファイブセカンドアイソメトリックヒップスラスト Hip Thrusts and Five-Second Isometric Hip Thrusts　レベル 4

このエクササイズは2種類ある。ヒップスラストは腹直筋下部にストレスをかける，短い範囲での動きである。足の裏を天井に向けてゆっくりとコントロールしながら上げる（図8.21）。ぶらぶらしたり，あるいは揺れ動いたりしてはいけない。この動きの習得は難しい。もう1つのファイブセカンドアイソメトリックヒップスラストでは，もっとも高い位置で5秒間保持し，それを5回行う。

図8.21　ヒップスラスト

■ ボールリバースクランチ　Ball Reverse Crunch　レベル 4

スタビリティボールを足とハムストリングスで抱え，胸に向かって両膝を曲げる（図8.22）。そしてボールをゆっくりと床あるいはマットへ戻す。これらのエクササイズのほとんどは腹筋下部を働かせることを意図していることを意識してほしい。深腹筋運動は大変重要である。
ボディウエイトプログレッション法に従い，3×10回，12回，14回と増やしていく。

図8.22　ボールリバースクランチ

体幹側屈エクササイズ

ラテラルフレクションエクササイズは体幹トレーニングにおいてよく軽視される。ラテラルフレクションエクササイズは腰方形筋と腹斜筋群を対象とし，腹横筋や腹直筋，そして脊柱起立筋群と組み合わさって“強固な筒”を提供するよう役立つ。

■ オブリークブリッジ　Oblique Bridge　レベル 1

本書で扱っているほとんどのブリッジエクササイズは，本来アイソメトリックであるので，オブリークブリッジという名は実際には誤称である。
オブリークブリッジでは足と肘の2か所を床につけて支持点とし，側屈しながら体幹を動かす。殿部が床にかろうじて着くまで下げ，そしてニュートラルポジションよりも上まで殿部を持ち上げる（図8.23）。頭からつま先まで身体をまっすぐなラインに保持し，回旋なしに側屈することが重要である。
ボディウエイトプログレッション法に従って行う。

図8.23　オブリークブリッジ

■ オフベンチオブリーク　Off-Bench Oblique

オフベンチオブリークは非常に優れた側屈エクササイズであるが，オブリークブリッジやp.117のフォーポイントスタビリティシリーズを少なくとも数回トレーニングしてから行う。はじめてオフベンチオブリークを行うと，腰方形筋に強い痛みが発生する。片側10回を１～２セットから始める。体幹を回旋させることなく，可動域全体で動くよう意識する。このエクササイズでは側屈を前額面だけで行う。筋力が弱い選手は腹直筋で代償し，回旋を伴うようになるので注意する。オフベンチオブリークは，次のようにプログレスできる。

1．両手を身体の前で交差させる（レベル１）（図8.24）。
2．両手を頭の後ろに置く（レベル２）。
3．棒を持ち，両腕を頭上で伸展させる（レベル３）。

このプログレッション法ではレバーアームを徐々に長くし，エクササイズを難しくしていく。９週間のボディウエイトプログレッション法に従って行う。

レベル１：３×10回，12回，14回，
レベル２：３×10回，12回，14回，
レベル３：３×10回，12回，14回

図8.24　オフベンチオブリーク

スタビライゼーションエクササイズ

スタビライゼーションエクササイズは，以前は理学療法の分野であった。そして体幹の筋はスタビライザーとして重要であるとコーチたちが理解するまでに長い時間がかかっている。理学療法士による新しい概念の適用はストレングス&コンディショニングコーチよりも2，3年は先に進んでいると私は考えている。腰部のスタビライゼーションは理学療法士によって何年もの間，腰部機能障害の治療に利用されてきた。ところが，最近になってスタビライゼーションがどの選手に対しても予防的評価として見なされるようになってきた。そこで自問自答してみよう。

1. **ほとんどのストレングストレーニングエクササイズにおける体幹の主要機能は何か。**
   答えはスタビライゼーション（安定化）である。
2. **体幹の筋をスタビライザーとしてどれぐらいトレーニングしているか。**
   たいていのプログラムでほとんど行っていないだろう。

腰部のスタビライゼーションエクササイズをメディシンボールなしでのトレーニングに少なくとも1つ加えるようにする。スタビライゼーションエクササイズは30秒間保持を2～3セット行う。プログレスする場合は，片足で行ったり，あるいはミニサーキットでエクササイズを行ったりすることで，等尺性収縮を45秒間まで伸ばすことができる。

ここで紹介しているスタビライゼーションエクササイズと従来のスタビライゼーションエクササイズとの唯一の違いは，骨盤を傾斜させたりニュートラルな状態にしたりするのではなく，腹部のドローインを使うことである。私は骨盤の傾斜やニュートラルな態勢はいずれも時代遅れであり，機能的ではないと感じている。腹直筋収縮をより使おうとするのではなく，深腹筋を刺激する方法を習得することに焦点を当てるべきである。

スタビライゼーションは簡単ではなく，自然にできるようにもならない。深腹筋の収縮を行いながら脊柱を正確に安定させる方法を継続的に指導するべきである。

■ プッシュアップブリッジ　Push-Up Bridge

プッシュアップブリッジは簡単で，肩甲骨のスタビライザーとしても働く等尺性の腹筋エクササイズである。すべてのスタビライゼーションエクササイズと同様，深腹筋をドローインし，クランチをして腹直筋を収縮させない。また，殿部と床の高さを保つ。このエクササイズはバランスボードかスタビリティボールを用いて行うこともできる（図8.25）。

図8.25　プッシュアッププブリッジ

■ ショルダーブリッジ　Shoulder Bridge

ショルダーブリッジはプッシュアップブリッジと似ているが，不安定面が両手の下ではなく両足の下へと移動している（図8.26）。ショルダーブリッジは肩のスタビライザーの固有受容器に強く働きかける。テクニックや指示方法は他のすべてのエクササイズと同じである。また多くの選手にとってかなり難しいエクササイズである。

図8.26　ショルダーブリッジ

■ バックブリッジ　Back Bridge

バックブリッジは別の簡単なスタビライゼーションエクササイズである。肩をスタビリティボールの上に乗せ，30～45cmの長さのフォームローラーを膝の間に入れる（図8.27）。深腹筋を収縮させながら殿筋，ハムストリングス，内転筋を収縮させる。足幅を広くすることで，腸脛靭帯と大腿部の外側広筋によって安定性が高まる。

図8.27　バックブリッジ

■ ブリッジサーキットBridge Circuit

上級選手は体勢を変える時間が十分にある状態で，プッシュアップブリッジ，ショルダーブリッジ，バックブリッジのサーキットを行うことができる。

■ フォーポイントスタビライゼーションシリーズ　Four-Point Stabilization Series

フォーポイントスタビライゼーションシリーズのエクササイズは現在，私たちが従来用いていた多くの体幹プログラムの出発点として役立っている。プログレッションの多くが，簡単だが効果的なこれらのエクササイズから考案されている。もしも，スタビライゼーショントレーニングをプログラムに加えたいが，スタビリティボールを多く持っていなければ，フォーポイントスタビライゼーションシリーズは代用エクササイズとして非常に優れている。
プッシュアップの態勢から左肘をついた側臥位支持（サイドサポート）の態勢，後部支持（リアサポート）の態勢，そして最後に右肘をつき側臥位支持ポジションへと進む（図 8.28）。各態勢を20秒間維持する。この肉体的にきついシリーズはコーチからの継続的なフィードバックが必要となる。

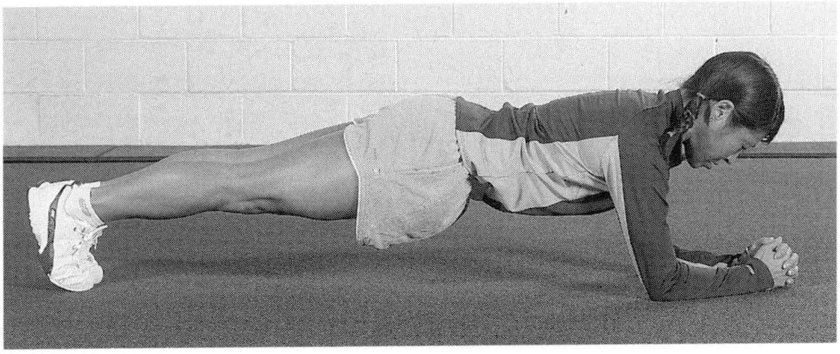
a
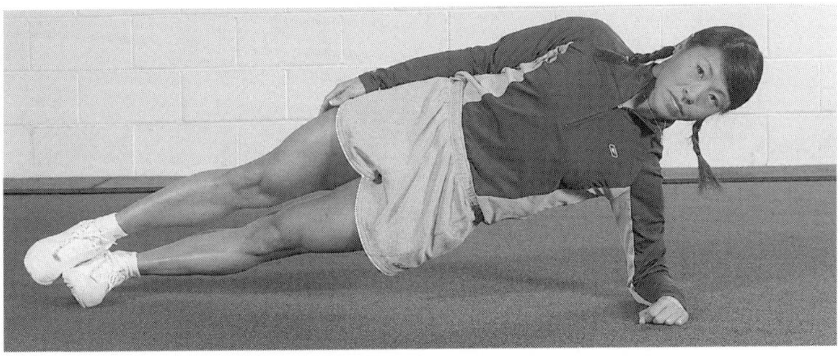
b

c

図 8.28　フォーポイントスタビライゼーションシリーズ

■ ケーブルコラムスタンディングチョップ　Cable Column Standing Chop

チョップ＆リフトは国家的に認められた理学療法士であり，リーボック大学のコンサルタントであるGray Cook（グレイ・クック）によって1997年に紹介された。Cook（クック）は回旋をいれた体幹の前屈（チョップ）と回旋をいれた体幹の後屈（リフト）のダイアゴナル（対角線）パターンを提唱した。その後，彼のオリジナルバージョンを修正し，チョップ＆リフトエクササイズは両腕から安定した体幹をダイアゴナルに通って力を移動させるようなエクササイズとなった。ここで紹介しているチョップ＆リフトエクササイズはCook（クック）が提案したエクササイズをさらに修正したものである。エクササイズではケーブルコラムを用いて，体幹を安定性させるよう努力する。またエクササイズを適切に行うため，ケーブルコラムにはフックのついた50cmの長さのバーといった特別なハンドルが必要になる。このハンドルはSamson Equipment（サムソン エキップメント）から購入できる。

スタンディングチョップのやり方は，ケーブルコラムの横に立ち，左右の手をおよそ30～35cm離してハンドルを握り，ウエストまで引き，そして体幹の体勢を変えずに押し下げる（図8.29）。殿部が右から左へ移動していないか，肩甲骨を安定できているかどうかを見る。体勢の改善を促進するため50cmのゴムバンドを膝の下に巻き，股関節内転筋を使うようにする。

このエクササイズは10回３セット行う。そして重量を第２週目に増やす，あるいはセットウエイトを使い８回，10回，12回へとプログレスすることもできる。

図8.29　ケーブルコラムスタンディングチョップ

■ ケーブルコラムスタンディングリフト　Cable Column Standing Lift

リフトはチョップの反対である。スタンディングリフトではケーブルコラムを1番低い位置にする。両手を30〜35cm離してハンドルを握る。動きはここでも引く・押す動作であるが，片側だけ肩に向けて引き上げ，その引いている手を肩の高さで保持しながら反対側の手を頭の上に押し上げるか，あるいは直接，頭の上に押し上げる（図8.30）。殿部が移動していないかどうか見る。また，どちらのリフトでも最初は9〜14kg以下で行う。

10回3セット行い，第2週目に重量を増やす，あるいはセットウエイトを使い8回，10回，12回へとプログレスすることもできる。

図8.30　ケーブルコラムスタンディングリフト

■ ニーリングバランスシリーズ　Kneeling Balance Series

このシリーズはバランスと固有受容覚を向上させるエクササイズであるが，スタビライゼーションエクササイズでもあるため体幹のトレーニングに含まれる。

ニーリングバランスシリーズの利点は，これらの動きによって鼠径部筋と体幹のスタビライザーをリンクできることである。このエクササイズは楽しく，取り組みがいがあり，さらにキャッチゲームへとプログレスできる。

しかし，このエクササイズは立位ではけっして行わない。なぜならば，スタビリティボールから落ちる危険性の方が，得られる利点よりもはるかに大きいからである。ボールの上に両膝を置くことから片膝へ，そして最終的には片膝と片足へと進めていく（図 8.31）。

図 8.31　ニーリングバランスシリーズ

ローテーショナルトルソーエクササイズ（回旋をいれた体幹エクササイズ）

ローテーショナルエクササイズはシンプルローテーション，回旋をいれた屈曲・伸展，そしてエクスプローシブローテーションの３つのカテゴリーに分けることができる。立位での回旋をいれた体幹トレーニングは体幹トレーニングの本質であり，メディシンボールを用いて行われる。私たちはよく，直線的なスローイングと爆発的な伸展を重視したメディシンボールトレーニング，回旋しながらのスローイングのエクササイズを同じ日に組み合わせて行う。私のトレーニング哲学や最近のメディシンボールトレーニングのプログラムは，アリゾナ州テンピにあるAthletes'（アスリート） Performance（パフォーマンス） Institute（インスティテュート）所属のMark Verstegen（マーク・バーステーゲン）の影響をかなり受けている。

●シンプルローテーション

本書ではツイストやクランチのようなベーシックローテーショナルエクササイズは扱っていない。

シンプルローテーションは1つの面上でのローテーション，または腹臥位でのローテーションと定義される。

■ライイングトランクツイスト　Lying Trunk Twist　レベル 1

ライイングトランクツイストは単一面で行われるため，シンプルローテーションのカテゴリーに入る。腕を身体に対して正しい角度で伸展させて仰向けになり，両足の間にスタビリティボールを挟む（図8.32）。足を身体に対して90°に保持したまま，横から横へと回旋する。スタビリティボールには2つの役割がある。

1．ボールを内転筋で固定させることにより，恥骨結合と関連させたエクササイズにする。
2．必要とする可動域を減少させることができ，エクササイズをより簡単にする。

プログレッションではボールなし，より小さいボール，あるいはもっと重いボールに替えて行う。
ボディウエイトプログレッション法に従って，片側それぞれ10回，12回，14回と増やし，3週間以上行う。

図8.32　ライイングトランクツイスト

■ ロシアンツイスト・ウィズボール　Russian Twist With Ball　レベル 2

ロシアンツイストはスタビライゼーションとローテーションを組み合わせたシンプルなエクササイズである。これは通常のロシアンツイストのスタビリティボールバリエーションである。肩をボールの上に乗せたまま，両足を床につける。右肩を倒し，次に左肩を倒してというように，ボールの上で転がる（図8.33）。
初心者であれば始めは両手を握って行い，2～5 kgのメディシンボールへとプログレスしていく。その後，ボディウエイトプログレッション法に従うか，メディシンボールの重さを増やしていく。

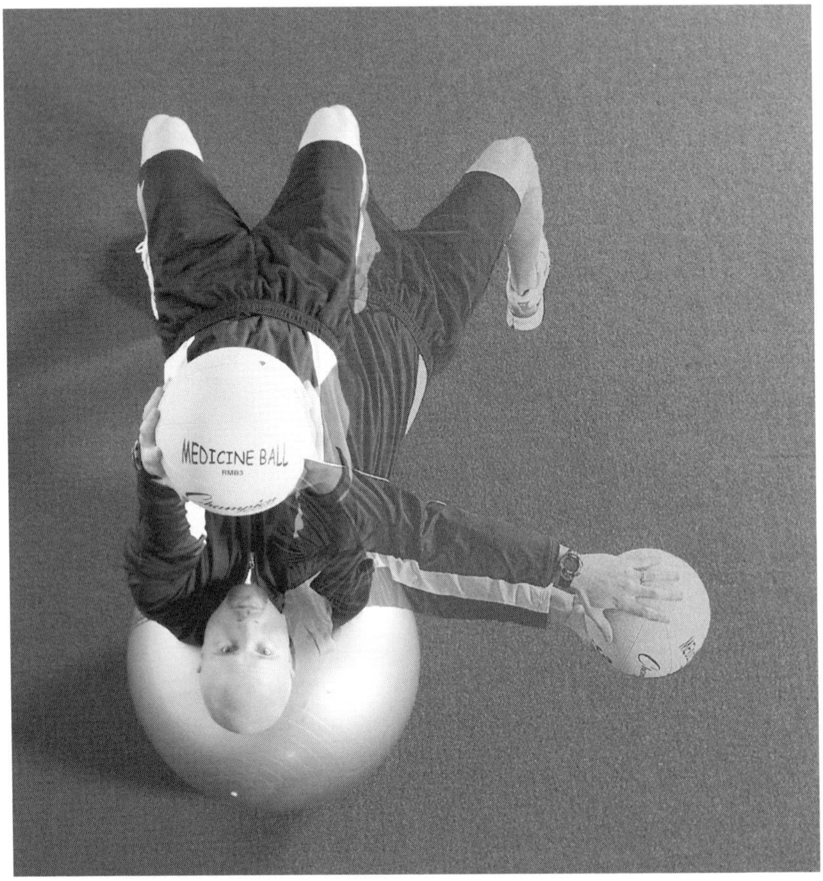

図8.33　ロシアンツイスト・ウィズボール

■ スタンディングボディブレード Standing Bodyblade® レベル 3

スタンディングボディブレードは「バイブレーショナルスタビライゼーション」のカテゴリーに本来は属するのかもしれないが，ここではローテーションのカテゴリーに加えた。スタンディングボディブレードの目的は，腹横筋と一緒に腰椎の主要スタビライザーとなる多裂筋を収縮させることである。多裂筋は脊柱起立筋群の下にあり，とくに回旋を行う間，脊椎を連結して安定させる。このエクササイズはボディブレードを持ちながら殿部を動かさずに体幹を振動させ，リズムを作り出していく（図8.34）。他のローテーショナルエクササイズと違い，スタンディングボディブレードは回数ではなく時間を測って行う。一度動きを習得したら，通常30秒間を何セットか行う。すぐに動きを習得できなくてもがっかりしなくてよい。また，このエクササイズでは短くて，そして値段の高いボディブレードほど使われなくなる。

図8.34 スタンディングボディブレード

■ ダイアゴナルプレートレイズ　Diagonal Plate Raise　レベル 2

ダイアゴナルプレートレイズは非常に優れたプログレッション法であり，またスタンディングリフトの代用にもなる。これは伸展回旋の動きである。ダイアゴナルプレートレイズは滑車システムを使用せずに伸展・回旋動作を取り入れることのできる，簡単な方法である。スクワットの態勢でプレートを左足の外側に持ち，そしてプレートを天井に向けて押し出し十分に伸展させる。またプレートにある穴から天井を見ることができる。足関節，膝，股関節の3つの部位を伸展させるため，左足で床を押しながら殿部を回旋させる。

10kgのプレートから開始し，その後はボディウエイトプログレッション法に従う。

図8.35　ダイアゴナルプレートレイズ

メディシンボールトレーニング

メディシンボールは多くのさまざまな成果をもたらす。メディシンボールはローテーターカフの減速トレーニングや上半身，全身のパワー，体幹のローテーショナルパワーの向上に対して非常に優れた道具であり，またパワフルで機能的な体幹の発展において鍵となる道具である。メディシンボールトレーニングはオリンピックリフティングあるいは体幹のプライオメトリックスとして見なすこともできる。

ここで紹介している多くのメディシンボールドリルは多目的である。本書において前述した体幹エクササイズは，スタビライゼーションやローテーションのような特定の機能のみに着目しているが，メディシンボールエクササイズは速度にも対応している。メディシンボールトレーニングでは，従来の腹筋トレーニングによって得たストレングスと安定性をすべてパワーへと変換する。そして適切なメディシンボールプログレッションによって，屈曲と回旋の両方で爆発的なパワーを安全かつ効果的に発展させることができる。これらのアイデアの多くは私に大きな影響を与えてくれた，Athletes' Performance InstituteのMark Verstegenのおかげである。

メディシンボールトレーニングにおける鍵の1つは適切なボール選択するということである。表8.1に目安を示す。筋力のある選手はより重いものの方がよいと大概信じている。ところが，メディシンボールではまったく当てはまらない。なぜならばメディシンボールトレーニングの鍵は速度であり，選手がメディシンボールを投げるのに苦労している時はいつでもボールが重すぎるのである。表8.1のメディシンボール選択のガイドラインは何千人もの選手による私の経験に基づいている。初心者は軽いボールの方がうまく機能する。もしボールの重さに何か疑問を持ったら1kg落とすとよい。ボールの重さではなく，動きのスピードを意識することが必要である。またこれらはただのガイドラインであり，絶対的な条件ではないということ，そして「もし重すぎるように思えたら，おそらくその通り」だというこの簡単なルールを常に思い出してほしい。

表8.1　メディシンボール選択のガイドライン

選手の体重	ボールの重さ（ローテーション）	ボールの重さ（オーバーヘッド）
45－61kg	1kg	1kg
61－79kg	2kg	2kg
79－90kg	3kg	2kg
90－113kg	4kg	3kg

メディシンボールトレーニングは壁に向かって行うのが最適である。パートナーが人では代用として利かず，またプライオメトリック（エキセントリックからコンセントリックへの切り替え）の効果は打ち消されてしまう。メディシンボールスローは適切なショットやスウィングの連続で，かつエキセントリックからコンセントリックへと動きがスムーズに変化し，かつ流れるように行うとよい。壁からおよそ身長分離れて立ち，あたかも壁やボールを傷つけるかのようにボールを投げる。その際，ボールがリバウンドして手に戻ってくるように投げなければならない。選手のパワーの大小によって，壁に近づいても，離れてもよい。

●ローテーショナルスロー

ローテーショナルスローは体幹の筋のパワーを向上させる，最初のテクニックである。これらのエクササイズはとくにホッケーやゴルフ，テニス，野球，また他の爆発的な体幹の回旋を必要とするスポーツに有効である。そして競技特有の構えでメディシンボールのスローイングを行う。

つまりスローするときにテニスプレーヤーはテニスプレーヤーのように，ホッケー選手はホッケー選手のように見えなければならない。ストレングストレーニング期と併用して，３週間毎にプログレッションする。

■ フロントツイストスロー　Front Twist Throw　レベル 1

フロントツイストスローは一般的に優れた体幹の回旋エクササイズであり，メディシンボールプログラムをはじめるのにすばらしい方法である。
フロントツイストスローは一度に一方向で行う。地面から上方へ，つまり足から股関節，そして体幹へと力を伝え，最終的に両手で投げる（図 8.36）。一般的なスポーツの基本的な姿勢である膝を曲げ，股関節を後ろに下げた基礎なディフェンスの姿勢となって壁に顔を向ける。これはどの選手にとっても容易なスタートポイントである。
右側で10回投げ，それから左側で10回投げる。片側それぞれ10回のスローを 3 セット，3 週間行う。回数を増やすのではなく，強く投げ，上手に投げることがすべてのローテーショナルメディシンボールトレーニングでのプログレッション法である。

図 8.36　フロントツイストスロー

■ オルタネイティングフロントツイストスロー　Alternating Front Twist Throw　レベル 2

オルタネイティングフロントツイストスローはフロントツイストスローと同じであるが，片側で10回投げてから反対側を10回投げるかわりに左右交互に20回投げる。左右に動く時は流れるような動きで，かつスポーツ選手らしく見えなければならない。このエクササイズではコーディネーションと集中力がより必要となる。

■ サイドスロー　Side Throw　レベル 3

サイドスローは多くのスポーツをまねている。このドリルはテニス，フィールドホッケー，アイスホッケー，ラクロス，野球などを対象とし，体幹の爆発的な回旋力を向上させる。

サイドスローは股関節で投げることを意識し，後ろ足から動き始めるようにする。よいスローイングというのは，よいスウィングあるいはよいシュートのように見えなくてはならない。また，自分が向上させたいスキルが現れているようなスローイングスタイルで行う。

たとえばホッケー選手であればスラップショットのように，野球選手であればよいスウィングのようにサイドスローを行う。

図 8.37　サイドスロー

■ サイドツイストスロー・ウィズステップ　Side Twist Throw With Step　レベル 4

次のステップではスローイングに動きを加える。レベル 4 では，後ろ足から生み出された力を増大させるために，壁に向かって前足を 1 歩踏み出す。また前足から後ろ足への体重移動を意識する。他はすべてサイドスローと同じである。

■ バックツイストスロー　Back Twist Throw　レベル 5

バックツイストスローはかなり難しく，初心者の腰部には非常に負担がかかる。このエクササイズはレベル 4 までのエクササイズを習得できていない状態で行ってはならない。背中を壁に向け，足をまっすぐに前に向けて立つ。それから壁に向かってボールを肩から投げる（図 8.38）。肩の高さかあるいはそれより上で投げるために必要な柔軟性が身につくまでは，最初は腰の高さかそれより少し高い位置で投げてもよい。

図 8.38　バックツイストスロー

■ シングルレッグフロントツイストスロー　Single-Leg Front Twist Throw　レベル 5

この上級エクササイズは足関節や膝，股関節の固有受容器にかなり刺激を与え，さらに難しさが加わる。高いレベルのバランスとコーディネーション能力が必要になり，また支持足の股関節回旋筋群が非常に関わってくる。フロントツイストスローのやり方はp.127で説明した通りである。
左側から投げる場合は図8.39のように右足で立つ。そして右足を床から離し身体を前に出してボールを投げ，跳ね返ったボールをキャッチして股関節の後ろに戻す。投げると股関節は回旋し，腕は前方に，足は後方へ動く。この一連の動作は最終的にはスムーズで，調和された動きになるだろう。

図8.39　シングルレッグフロントツイストスロー

●オーバーヘッドスロー

オーバーヘッドスローは腹直筋群を対象としているが，さらにローテーターカフのトレーニングにもなる。

10～20回を3セット行う。

■ スタンディングオーバーヘッドスロー　Standing Overhead Throw　レベル 1

スタンディングオーバーヘッドスローは，すべてのオーバーヘッドスローエクササイズの出発点である。ドリルはサッカーのスローインと似ているが，足を肩幅に広げ，ふらつかないようにする。腕ではなく体幹を使ってボールを投げる。これはスローイングを行う選手にとって非常に優れたドリルである。
10回３セットを行う。また，片手でのスローイングは片手でキャッチする際に肩に多大なストレスがかかるため，勧めることはできない。

図8.40　スタンディングオーバーヘッドスロー

■ スタンディングオーバーヘッドスロー・ウィズスタガー　Standing Overhead Throw With Stagger　レベル 2

スタンディングオバーヘッドスロー・ウイズスタガーは足を前後に開いて行うスタンディングオバーヘッドスローで，これによって下半身の力および体幹をより使うことができるため，ボールの速度は増すことになる。
ただし，スタンディングオバーヘッドスローによって体幹を使ったスローイングのスキルをマスターするまでは，このレベルに進んではいけない。
右足を前にして10回３セット行い，次に左足を前に出して10回３セット行う。

■スタンディングオーバーヘッドウィズステップ Standing Overhead With Step　レベル 3

このスローイングは，スタンディングオバーヘッドスロー・ウイズスタガーと同じポジショニングで行うが，ボールを壁に投げつける際の勢いで前方へ足を踏み出す。

■スタンディングチョップ　Standing Chop　レベル 4

スタンディングチョップはオーバーヘッドスローイングに屈曲，回旋を組み合わせたものである。両手でボールを片側の肩の上に持っていき，切り倒すように壁に向かって投げる。

オーバーヘッドスローはすべて，次のような流れで，初心者は週に2回行う。

- **第1週**：1，3，10スロー．全力で投げない。
- **第2週**：2，3，10スロー．スローイングの力を増す。野球，ゴルフ，ホッケー，テニスのバックハンドを意識して2，3，10ツイストスローを加える。
- **第3週**：3，3，10スロー．バックハンドを意識して2，3，10ツイストスローを加える。

パートナーと一緒に行う，あるいは壁に向かって行う場合でも，速いペースのトレーニングとなるようにする。最初の3週間では徐々に力を積み上げていくようにする。また，心拍数モニターを着用し，心拍数を上げていくようにする。

体幹のトレーニングは著しく変化しているファンクショナルトレーニングの領域である。トレーニング後に数回のシットアップを行うだけでは不十分である。体幹のストレングスはスピードとパワーを発展させる手助けとなり，障害を減少させるということが研究で明らかにされている。よくデザインされた体幹のトレーニングプログラムは，パフォーマンスのすべての領域にポジティブな影響を及ぼしている。身体のすべての面で，かつさまざまなスピードでストレングスとパワーを発展させるようなプログラムをデザインすることが大切である。スタビライゼーションとローテーションはパフォーマンスを高め，そして障害を減少させる鍵となるスキルである。

バランスのとれた上半身のストレングスとスタビリティ

さまざまな上半身のストレングスエクササイズの方法を詳しく紹介した本や論文が，これまで多く出版されている。しかし，アドバイスがあるにもかかわらず，選手は見せかけの筋の１つである，胸や腕の肥大化にいまだに熱中している。ここでの目的は，プレス（押す動作）とプル（引く動作）のバランスを強化すること，肩の障害予防となるチンアップやロー，また他のバリエーションに関する新しい概念を紹介することである。

上半身のファンクショナルエクササイズはまずプッシュとプルに分割できる。他の単関節運動は実は機能的ではなく，孤立した状態でしか筋を働かせることができない。たしかに単関節運動は，矯正的なエクササイズあるいはスタビリティエクササイズでは必要かもしれないが，上半身のファンクショナルトレーニングの鍵はプッシュとプルのバランスなのである。

障害予防のためのプル

ほとんどのストレングストレーニングプログラムにおいてチンアップやローのようなプルは，たとえ注目されていてもほんのわずかである。最近50年に書かれた上背部の強化に関する多くの論文で，背部の強化の鍵としてプルアップやチンアップが取り上げられてきたが，選手はたいていたった１つの理由でそれらのエクササイズを無視している。それは，プルアップやチンアップは“ただただきつい”ということである。選手は上背部筋群にはラットプルダウンですべて事足りるだろうと間違った憶測のもとでラットプルダウンを行っており，ローイングの動きを完全に無視している。このタイプのアンバランスなプログラムはプッシュのための筋の過剰な発達や姿勢の問題，そして肩の障害を引き起こす原因となるのである。

適切な上半身のトレーニングプログラムの本質的な目標は，すべての主要な上半身の動作パターンを等しく意識することである。背筋がすばらしく発達しているからかっこよくみえる，と思う選手は残念ながらあまりいない。注目されるのは常に胸，胸，そしてまた胸である。これは多くの選手やトレーナーが筋肉雑誌の影響を受けた結果の不幸な副産物である。上半身のファンクショナルトレーニングプログラムは，水平プル（ローイング），垂直プル（チンアップ），オーバーヘッドプレス，背臥位プレスのエクササイズのセット数を同じ割合で取り入れる必要がある。端的にいえば，プッシュエクササイズのセットごとにプルエクササイズを１セット行うということである。このやり方は大部分のストレングスプログラムで取り入れられておらず，たいていはプレスが多すぎ，プルが少なすぎる結果になっている。

このようなタイプのプログラムでは大胸筋が過剰に肥大し，肩甲骨まわりの筋群が発達不足となるため姿勢の問題を引き起こす。より重要なこととして，プルとプッシュを均等にしないプログラムは肩のオーバーユース障害，とくにローテーターカフ障害の要因となる。ベンチプレスを多く行う選手ではローテーターカフ障害の発症が非常に高い。

私の見解として，ベンチプレス自体の問題というよりもむしろ，適切なプルエクササイズの欠如によるものと考えられる。よって適切な割合でプルとプッシュの強化を行うことが非常に重要であるが，その適切な割合は選手のプルアップの最大回数とベンチプレスの最大重量を比較することで推測できる。

体重は考慮されなければならないが，ベンチプレスを自体重以上で行える選手は身体の大きさにかかわらず，自体重を引き上げられなければならない。

たとえば，体重85kgでベンチプレスが127.5kg可能な選手は，チンアップを12～15回できなければならない。また体重127.5kgでベンチプレスが170kg可能な選手は，チンアップを５～８回できなければならない（表9.1）。

表 9.1　特定グループのチンアップの最大回数（肘関節完全伸展から）

男性エリート選手（NHL）	20－30
NFLラインマン（145kg）	7＋
NFLスキルポジション	15－20
男子大学生（NCAA　1部校）	20－30
女性エリート選手（五輪金メダリスト・69kg）	15
女子大学生（NCAA　1部校・フィールドホッケー）	10＋

この数値は平均値ではなく，トップレベルの選手の例である。よってこの数値は適切なデザインとアドバイスを兼ねそなえたプログラムで可能な範囲を示しているにすぎない。

適切にデザインされたストレングスプログラムは，１週間に２種類のローイング種目を少なくとも３セットずつ含むと同時に，２種類のチンアップ種目をそれぞれ少なくとも３セット含む（表9.2）。プログラム作成における重要な原則は，同タイプのエクササイズで多数のバリエーションを使うことである。垂直方向と水平方向の特殊なタイプのプル種目を３週間毎に変えるか，回数を３週間毎に変えるか，もしくは場合によっては種目も回数も変える。

表 9.2 水平方向と垂直方向のプル種目のバリエーション例

第1期		
1日目	チンアップ（Chin-up）	3×8
	ダンベルロー（Dumbbell row）	3×8
2日目	パラレルグリッププルアップ（Parallel-grip pull-up）	3×8
	インバーテッドロー（Inverted row）	3×8
第2期		
1日目	プルアップ（Pull-up）	3×3，1×10
	ワンアーム・ワンレッグロー（One-arm, one-leg row）	片側それぞれ3×8
2日目	オルタネイトグリップチンアップ（Alternate-grip chin-up）	4×3
	アッパーバックダンベルロー（Upper-back dumbbell row）	3×5

垂直方向のプル動作

バリエーションは継続して強さを獲得するための鍵である。3週間毎に種目と負荷パターンを変える。

■ チンアップ　Chin-Up

チンアップはスピネイティッドグリップ（いわゆる逆手）で行い，また上腕二頭筋による補助が同時にあるためもっとも簡単な上半身のプルエクササイズである。グリップ幅は30～35cm離す。すべての垂直方向のプルにおけるテクニックの基本は肘を完全伸展し，肩甲骨を挙上させることである。それをごまかしてはならない。また最初の8週間はバリエーションにあまりとらわれずに，初心者であれば熟練した選手よりも少ないバリエーションでよい。

チンアップとそのバリエーションはストレングスプログラムの中で，他の主なエクササイズ（ハングクリーン，フロントスクワット，ベンチプレスなど）と対応させてローテーションを組む。たとえばチンアップ10回3セット，5回3～5セット，3回3～5セットというようにする。

チンアップやプルアップを行う際にマシンも利用できるが，お金をかけずにできる，より簡単な方法がある。硬い強度のラバーバンド（たとえばJumpStretch社製のように丈夫であり，ヘビー，ミディアム，ライトというように強度別で作られているもの）をプルアップ用のバーにくくりつけ，そして片方の膝にバンドを巻き，ぶら下がってスタートの態勢をとる（**図9.1**）。上へ引き上がる時にラバーバンドの弾性力によって補助される仕組みである。段階的にバンドの強度をヘビーからライトへと移行し，補助なしの自体重のみで行えるようする。一度でも補助なしでチンアップが1回できるようになれば，**表9.3**の8週間プログラムを開始する。ちなみにこの8週間プログラムの完了後，チンアップが1回から5回もできるようになるのは珍しいことではない。

10回以上チンアップができる選手は，負荷を上げるためにディップベルトを使用する。また，おもなエクササイズを行うたびに垂直方向のプルエクササイズをローテーションさせる。もしプログラムで回数を3回と指定していれば，思い切って負荷を上げて3回を数セット行う。男性選手にとって40kg以上の重量を使用し，3回を数セット行うことは珍しいことではなく，女性選手にとっても11kg以上を使用することも珍しくはない。

通常の選手でヘビーバンドの補助でチンアップが5回できるようになったとしても，プルダウンを絶対に行ってはいけない。体重が極端に重く，体重に比べて筋力の比率がかなり劣る選手であればプルダウンを行ってもよい。チンアップや補助付きチンアップができる選手がプルダウンを行わなければならない理論的根拠はない。プルダウンはチンアップをやりたくない人々の言い訳や逃げ道でしかない。

図9.1　補助つきチンアップ

表 9.3　8週間チンアッププログレッション法

このプログラムは週2回のみ行われることを前提にしている。

第1週	4×1（チンアップ4回連続と，最後に3～5秒の伸張性収縮1回という意味）
第2週	1×2，3×1
第3週	2×2，2×1
第4週	3×2，1×1
第5週	4×2
第6週	1×3，3×2
第7週	2×3，2×2
第8週	3×3，1×2

■ パラレルグリッププルアップ　Parallel-Grip Pull-Up

このすばらしい上半身のプルエクササイズはチンアップと似ているが，ニュートラルハンドのため，前腕の屈筋群（上腕筋と腕橈骨筋）に狙いをつけることができる。パラレルグリッププルアップは，V型ハンドルやパラレルハンドル（図9.2）がついているプルアップバーで行うことができる。チンアップとほぼ同様に行うが，手（前腕）の状態が違うだけである。

図9.2　パラレルグリップでのプルアップ

■ プルアップ　Pull-Up

プルアップはチンアップやパラレルグリッププルアップよりは難しい種目である。プルアップでは，前腕が回内位（手のひらが前方を向いている状態）となる。上腕の筋群からの補助が少なくなり，同時に背筋群へのストレスがより大きくなる。プルアップは上半身プログラムの中でも，チンアップとパラレルグリッププルアップを最低でも3週間行った後に行う3番目の種目である。

■ オルタネイトグリッププルアップ　Alternate-Grip Pull-Up

オルタネイトグリッププルアップはホッケー，野球，ラクロスなど，グリップを互い違いに握って行う競技にとても有効なバリエーションである。セット数はオーバーハンドとアンダーハンドのセットが必ず均等になるようにしなければならない。

■ スターナムチンアップ　Sternum Chin-Up

スターナムチンアップは熟練した選手でも難しい種目である。このエクササイズを行う際はバーからあごを出すよりも，むしろ胸骨を高く，上へと上げる。また肩甲骨内転筋群をより使い，可動域を7.5～10cm（3～4インチ）広げる必要がある。

図9.3　スターナムチンアップ

水平方向のプル動作

水平方向のプル動作やローイング動作は，次の２つの理由により重要である。

1. ローイングは障害防止に役立つ。
2. ローイングはベンチプレスとは拮抗する動作である。チンアップや他のバリエーションは重要であるが，ローイング動作ではベンチプレスとはまったく逆の筋と動作パターンを対象として鍛えることができる。

この重要さにもかかわらず，ローイングはかなりの確率でストレングスプログラムから省略される。

ローイングは現在かなりの変化をみせているファンクショナルトレーニングの一分野である。アスレティックトレーニングや理学療法における最近の進歩により，身体は後面で対角線パターンにリンクしているということが説明されている。力は地面から脚を通して股関節に伝えられ，仙腸関節を横切って反対側の広背筋と肩甲帯へと伝わる。このクロス連鎖システムの鍵は，骨盤を安定させる中殿筋と腰方形筋，股関節を安定させる股関節回旋筋群である。なかでも股関節回旋筋群はとくに重要で，安定した股関節でなければ地面からのすべての力を上半身に効率的に伝えられないからである。

つい最近まで，この必要不可欠な筋群は実際，無視されてきた。股関節回旋筋群は下肢の「ローテーターカフ」でありながら，上肢のローテーターカフのような配慮や関心を得ていない。ゴルフスィングであろうが野球のスィングであろうが，地面で発生するすべての力は強くて柔軟性があり，安定した股関節回旋筋群を通って伝えられなければならない。プログラム作成時は股関節回旋筋群に対して特別な配慮が必要である。そこで，ケーブルを用いたローイングエクササイズでこの未強化の部分をトレーニングする。

■ ダンベルロー　Dumbbell Row　レベル 1

ダンベルローはもっとも簡単で，初心者が正しい背部の姿勢を習得しやすいローイングエクササイズである。

膝を外向きにし，つま先の上に膝が位置するようなワイドスクワットの態勢から始める。前方に屈み，体幹を安定させるために片方の手をベンチ台の上に置き，腰部にストレスがかからないようにする。背部はややアーチを描くようにし，腹部を腹筋で引き込むようにする。

最初は肩甲骨を動かすことに集中し，次に肘を動かしてダンベルを股関節の方に引く(図9.4)。

このエクササイズは初心者には有効であるが，ダブルレッグスタンスであるため股関節回旋筋群を使うことはない。

トレーニングの段階によって5～10回を3セット行う。

図9.4　ダンベルロー

■ インバーテッドロー　Inverted Row　レベル 1

インバーテッドローは，肩甲骨内転筋群のためのプルアップまたはチンアップといえる。驚くほど単純だが挑戦しがいのある動きであり，体幹の安定性を学ぶことができ，肩甲骨内転筋群と三角筋後部の強化を促すエクササイズである。動き自体は簡単にみえるが，インバーテッドローは，頑強な選手でさえも屈辱的に感じるエクササイズである。選手は自分がほんの数回しかできないことに驚くであろう。

インバーテッドローを行うには，まずベンチプレスと同じ位置（腰の高さ）でパワーラックにバーを置く。次にベンチ台を自分の身体の約3/4程離れた場所に置く。ベンチ台の上に足を置き，バーを握り，体幹をまっすぐに保つ。そしてつま先を上に向け，足をそろえる。この態勢から，そのまま胸をバーに引き寄せる（図 9．5）。ほとんどの選手は肩甲骨内転筋と三角筋後部が弱いため，２回目以降は胸をバーにつけることができない。このエクササイズは上背部だけでなく，体幹全体へも負荷がかかる。体幹の筋への負荷を機能的に増加するには，熟練した選手であればベンチ台のかわりにスタビリティボールの上に足を置いて，このエクササイズを行う。不安定な土台のため，体幹と肩のスタビライザーは普段以上に使われることになる。

回数は強さのレベルによって変化する。また，このエクササイズを正確に行えないのであれば，やるべきではない。なぜなら，ベンチ台の代わりに床に足を置くというような初心者向けの応用方法は限られているからである。

図9.5　インバーテッドロー

■ ワンアーム・ワンレッグロー（スタティックヒップ） One-Arm, One-Leg Row (Static Hips) レベル 1

ワンアーム・ワンレッグローは，ローイングのプログレッションの中で股関節回旋筋群をスタビライザーとして導入する，最初のエクササイズである。
このエクササイズでは低い位置に設定した滑車か，可変ケーブルコラムマシンが必要となる。若い選手であればハンドルのついたチューブを使ってこのエクササイズを行うことができるが，体格が大きく，強い選手はすぐにチューブの弾性に慣れてしまう。ワンアーム・ワンレッグローは片足で立ち，反対側の手でローイングする（図9.6）。シングルレッグスタンスでは，ローイングは上背部のエクササイズだけでなく足関節，膝，股関節のスタビライゼーションエクササイズにもなる。片足で行うことで，このエクササイズは安定性や固有受容器，ストレングスを強化する複合的なエクササイズへとレベルアップする。エクササイズでは最初にスタビライゼーションを意識する。大胸筋の下に引き込んでくる際に，足関節，膝，股関節を安定保持するように努力する。ケーブルローイングエクササイズは上腕（肩関節）を内旋した状態から開始し，手をニュートラルポジションにして終了させることで肩のローテーターカフへの負荷を加える。ローテーターカフは，肩の位置が変化するにつれてローイング動作に関与するようになる。
トレーニングの段階によって，5～10回を3セット行う。

図9.6 ワンアーム・ワンレッグロー（スタティックヒップ/殿部固定）

■ ワンアーム・ワンレッグロー（ダイナミック） One-Arm, One-Leg Row (Dynamic) レベル 2

ダイナミックとスタティックバージョンの唯一の違いは，ダイナミックバージョンではケーブルコラムの方へ手を差し伸ばしてもよいことである。手を伸ばす動作によって体幹の回旋と股関節内旋が関与し，ローイング動作が終了するまで股関節水平回旋（外旋）筋群に負荷がかかる。この動きは足関節から肩まで全身にダイナミックにストレスがかかるため，ある意味では股関節の動きを大きくすることでごまかせてしまうので気をつける。

トレーニング段階によって，5～10回を３セット行う。

■ ワンアーム・ツーレッグローテーショナルロー One-Arm, Two-Leg Rotational Row レベル 2

ワンアーム・ツーレッグローテーショナルローは，パフォーマンス強化の専門家であるMark Verstegen（マーク・バーステーゲン）より引用する。このエクササイズは膝関節伸展，股関節内旋，体幹の回旋を組み合わせて使う全身を駆使したローイングエクササイズであり，大変ダイナミックな動きである。この機能的で総合的なエクササイズは，ハーフスクワットとハーフローを組み合わせた種目というのが適切な表現である。この比較的新しいエクササイズがすべてのファンクショナルトレーニングプログラムの中で主要な種目になると考えている。はじめに，両肩をケーブルコラ

図9.7　ワンアーム・ツーレッグローテーショナルロー

ムまたは滑車を引っ張るラインの延長線上に合わせ，身体を捻ってハンドルを握る。そして立ち上がると同時にハンドルを股関節へと引きつける（図9.7）。膝関節伸展，体幹の回旋，肩関節伸展を同時に行うことでローイングに必要な筋群を使い，それと連動してスクワットで使う筋も稼動させている。このエクササイズで負荷がかかっていない筋群は唯一，プレス系の筋である。このエクササイズは方向転換で使う動作によく似ている。減速や方向転換をする時に必要な作用・反作用の力をイメージすると，このエクササイズによってまったく新しい関連性を見出すことができるようになるだろう。
トレーニング段階によって，5～10回を3セット行う。

■スクワット&プル　Squat and Pull　レベル 2

スクワット&プルは，ワンアームローとダブルレッグスクワットの動作を組み合わせている。
このエクササイズは，ケーブルコラムマシンを使ってもできる。また，このエクササイズでは両足と体幹の回旋の補助があるため，より大きな重量を使うことができる。複合的な動作であるため，時間の節約をしたいインシーズン時に利用するのがよい。
トレーニング段階によって，5～10回を3セット行う。

図9.8　スクワット&プル

■ ワンレッグスクワット＆プル　One-Leg Squat and Pull　レベル 1

ワンレッグスクワット＆プルとワンアーム・ツーレッグローテーションローは，もっとも難しく，もっとも機能的なローイング動作である。このワンレッグスクワット&プルはワンアーム・ワンレッグローでのダイナミックな動作と，ワンレッグスクワットでの下肢への負荷を組み合わせている。このエクササイズは片足でのストレングス，バランス，安定性を強化すると同時に，上背部の筋群を働かせる。このエクササイズでは重りがスタート位置に戻る時，フリーになっている脚の膝が床にほぼ接触する（図9.9）。
トレーニング段階によって，5～10回を3セット行う。

図9.9　ワンレッグスクワット＆プル

上半身のプレスエクササイズ

ここではベンチプレスよりも機能的な上半身の強化方法に焦点を当てる。私が指導する選手はベンチプレスやダンベルベンチプレスなど，背臥位でのプレス動作を多く行う。ベンチプレスに反対しているわけではないが，私のトレーニング哲学の基本原理はバランスの取れたトレーニングであり，よってその中で比較的重要ではない種目を過剰に強調しすぎる必要はない。

そのため，ファンクショナルトレーニングでは，背臥位やオーバーヘッドのプレス種目を組み合わせたエクササイズは1週間に2回，かつ1回のトレーニングで30分以上超えないようにすることが重要である。プレス種目にこれ以上に時間を費やすことは，他の筋群のトレーニングの質を損ね，そのプログラムのバランスを崩してしまう。

表9.4はプログラムの作成やストレングスの評価に際して役立つ一般的なガイドラインであり，背臥位でのさまざまなプレスエクササイズの中でバランスをよりよくとるための目安となる。他の関連した種目を増やすことでベンチプレスの数値を改善できるのである。ところが，選手は1種目のエクササイズに集中しすぎて，自分の進歩を阻害していることがよくあるといえる。さまざまな角度（インクライン，オーバーヘッドなど）でスタビリティとともにストレングスを強化できる，バランスのとれたプレスのプログラムを行うべきである（ダンベルを使用する）。1つの角度や1つの動作に偏ってはならない。上半身のダンベルエクササイズ方法はすべて，このガイドラインをもとに処方される。初心者はより重い重量を挙げるために必要なバランスとスタビリティを強化するため，ゆっくりと重量を増やしていく。

表 9.4　上半身プレス種目での強さの適切な相関関係

この表は，上半身のプレスに関する適切なトレーニングプログラムを終了した後に挙上可能となる重量を示している。

ベンチプレス最大値 127.5kg(300lb)	インクラインベンチ 102kg(240lb)（ベンチプレスの最大値の80%）	ダンベルベンチプレス 40kg(95lb)×5（ベンチプレスの最大値の32%）	ダンベルインクライン 33kg(77lb)×5（ダンベルベンチの80%）
106kg(250lb)	85kg(200lb)	34kg(80lb)×5	27.5kg(65lb)×5
85kg(200lb)	68kg(160lb)	27.5kg(65lb)×5	21kg(50lb)×5
64kg(150lb)	51kg(120lb)	20kg(48lb)×5	17kg(40lb)×5

lb：ポンド

●プッシュアップ

プッシュアップは上半身のプログラムの中でもっとも評価されないエクササイズの1つであるが，器具を必要とせず，バリエーションがほぼ無限の上半身のプレス種目である。

このエクササイズは，筋力と体重の比率を向上させる必要のある，身体の大きな選手には効果的である。先の理由1つとっても，これはフットボールのトレーニングプログラムにふさわしい種目である。

プッシュアップのもう1つの利点は，上半身のトレーニングと体幹の強化を組み合わせられることである。大きい選手や体幹周囲の弱い選手の多くは，プッシュアップでの適切な姿勢を保持できない。加えてプッシュアップはベンチプレスではできない肩甲骨周囲の筋を使うことが可能となる。

■ フットエレベーテッドプッシュアップ　Feet-Elevated Push-Up

フットエレベーテッドプッシュアップは，プッシュアップの難易度を上げるのにもっとも簡単な方法である。普通のプッシュアップを簡単だと感じる選手は，足を30～35cmほど上げることで（図9.10），外部からの負荷を加えることなく難易度を増加させることができる。

図9.10　フットエレベーテッドプッシュアップ

■ コアボードローテーショナルプッシュアップ　Core Board Rotational Push-Up

このエクササイズは，どのファンクショナルトレーニングプログラムでも使える器具であるReebok社製のコアボードを使う。コアボードローテーショナルプッシュアップはリーボックのコアボードでのみ可能で，選手は二平面で同時に運動ができる。エクササイズではボードの回転機能を使い，通常のプッシュアップで使われる胸部，肩部の筋，上腕三頭筋とともに上背部を強化できる。

図9.11　コアボードローテーショナルプッシュアップ

■ ダンベルローテーショナルプッシュアップ　Dumbbell Rotational Push-Up

ダンベルローテーショナルプッシュアップでは，まずダンベルを握ったままプッシュアップをし，バランスをとりながら片手で身体を支え，もう一方の手を上げて側方支持態勢，つまり肩と腕を床に対して垂直に保つようにする（図9.12）。このエクササイズは上半身，体幹のストレングス，肩のスタビリティを強化する。したがって，トレーニング時間が制限されているときに大変有効である。

図9.12　ダンベルローテーショナルプッシュアップ

■ スタビリティボールプッシュアップ　Stability-Ball Push-Up

スタビリティボールプッシュアップには応用として，足を上げて行う方法やウエイトベストを着て行う方法などがある。上半身の固有受容器と体幹を強化でき，両手の位置がより実践的となる。スタビリティボールプッシュアップでの手の位置はフットボールのラインマンが使う特殊な手の位置にとても類似している。

トレーニングの段階により，５〜10回を３セット行う。持久力強化の時期ではより多くの回数を行う。

プッシュアップの適切なプログレッションは図９.14の通りである。

図9.13　スタビリティボールプッシュアップ

肩甲胸郭のファンクショナルトレーニング

はじめは機能的には見えなかったエクササイズが実は効果的で，ある関節での機能を向上させることがある。肩甲胸郭関節のエクササイズは，肩甲胸郭関節自体と肩甲上腕関節（以下，肩関節）全体の機能を同時に改善する，狭い可動域で孤立させたエクササイズが必要な３つの部位のうちの１つである。

コーチは肩の筋群のトレーニングを，複合関節トレーニングとしてとらえてオーバーヘッドでのプレス種目を重視するか，単関節トレーニングとしてとらえて肩関節のエクササイズ，たとえばダンベルを使ったフロントレイズ，サイ

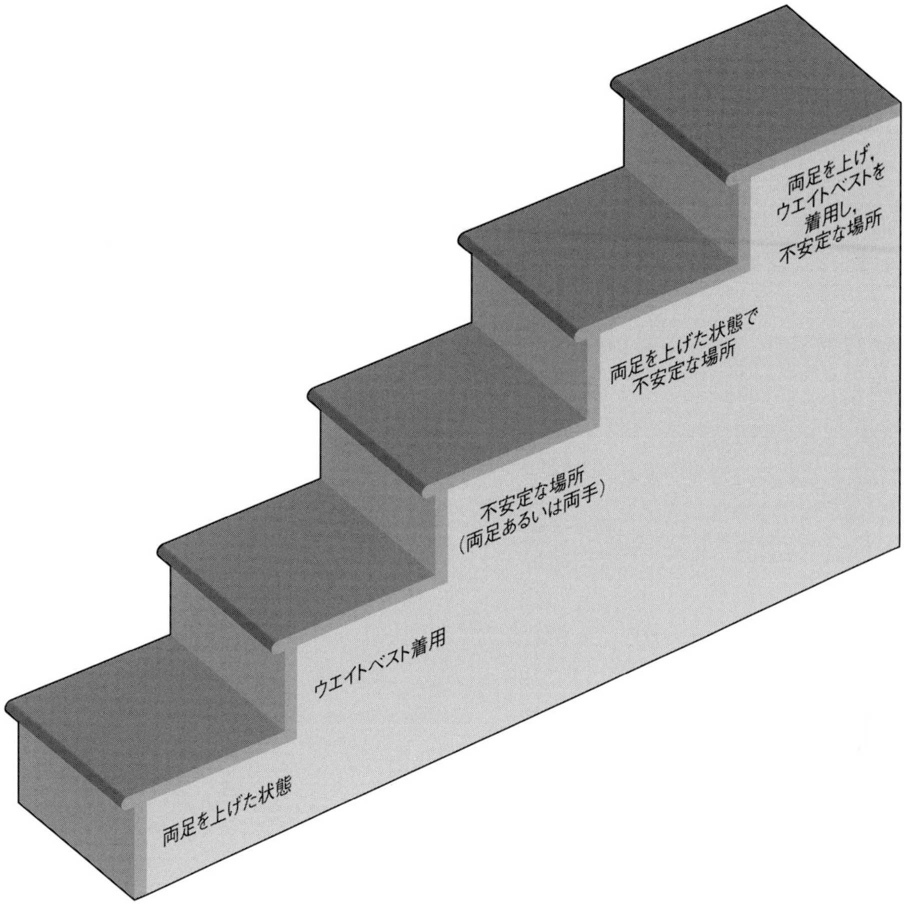

図9.14　プッシュアップのプログレッション方法

ドレイズ,「エンプティカン」のようなエクササイズを重視する傾向にある。

もっともよいアプローチは,ストレングス強化のためのオーバーヘッドでのプレス種目と障害予防を目的とした肩甲胸郭関節のスタビリティを改善するエクササイズを組み合わせることである。立位のラテラルレイズなどのエクササイズは機能的ではない方法で三角筋に負荷をかけており,必ずしも肩甲骨のスタビリティ強化に役立っているわけではない。肩のサーキットトレーニングや障害予防エクササイズの対象は肩甲骨の動きとスタビリティであり,上腕骨の動きではない。そのため,これらのエクササイズは腹臥位で行う必要がある。たとえばラテラルレイズ,エンプティカン等の立位での肩部屈曲エクササイズは肩甲胸郭関節を正しく狙っていないといえる。肩甲胸郭関節の機能が正常であることは,障害の減少に必要不可欠である。肩甲骨のスタビライザーを強化していない状態では,ローテーターカフのストレングスは半分の働きしかしない。強靭なローテーターカフでさえ,機能するためには安定した土台が必要である。この安定した土台は,肩甲胸郭関節が基礎となるのである。

■ プローンショルダーサーキット　Prone Shoulder Circuit

肩甲骨内転や挙上をする際の腹臥位での姿勢はY，T，W，Lという文字を用いて表現される。（これは，アリゾナ州テンピにあるAthletes'（アスリート） Performance（パフォーマンス） Institute（インスティテュート）のSue Falsone（スー・ファルソン）のアイデアを基にしている。）文字の形は身体に対する両腕の位置を意味している（図 9.15）。

Y＝ 腕を肩から45～90°の位置で保持し，肩関節を外旋しやすくするために親指を上へ向ける。

T＝ 体幹に対して上腕を90°に保持し，親指を上に向ける。この姿勢の鍵は肩甲骨を引き寄せ，肩関節を90°で保持することである。肩甲骨内転筋群の弱い選手は腕を体側に少し近づけて広背筋で補助しようとするが，これは引き寄せる動きではなく内転の動きとなるので十分に注意する。また，肩関節の角度が絶対に90°以下にならないようにする。そうなった場合は広背筋が代償作用していることを意味する。

W＝上腕を体幹に対して45°外転位，肘を90°屈曲位に保持する。これをリバースペックデック動作に似た動きと考え，肩甲骨を引き寄せることを意識する。

L＝ 肘を90°屈曲させ，上腕をできるだけ体側に寄せる。これは引き寄せと外旋を組み合わせている。

このサーキットトレーニングは簡単であり，多くの理学療法士やアスレティックトレーナーには多分なじみの深いものであるが，重要なことは選手がこの動作をする際にどう意識するかである。「肩甲胸郭関節が動くこと」で腕が動くのであり，その反対はけっしてない。最初に重要視するのは肩甲胸郭関節の動きであり，肩関節ではない。このアプローチの仕方によってエクササイズの目的を三角筋強化から肩甲骨のスタビリティ強化へと変化できる。
ウエイトは使用せず，それぞれの姿勢を８回ずつ，レストなしから始める。必ずY→T→W→Lの順番で，１セットにつき全部で32回，これを２セット行う。週ごとに各姿勢につき２回ずつ増加させ，16回まで増加させる（全部で64回となる）。64回行えるようになったら0.5～１kgのダンベルを使用し，各姿勢での回数を８回に戻す。

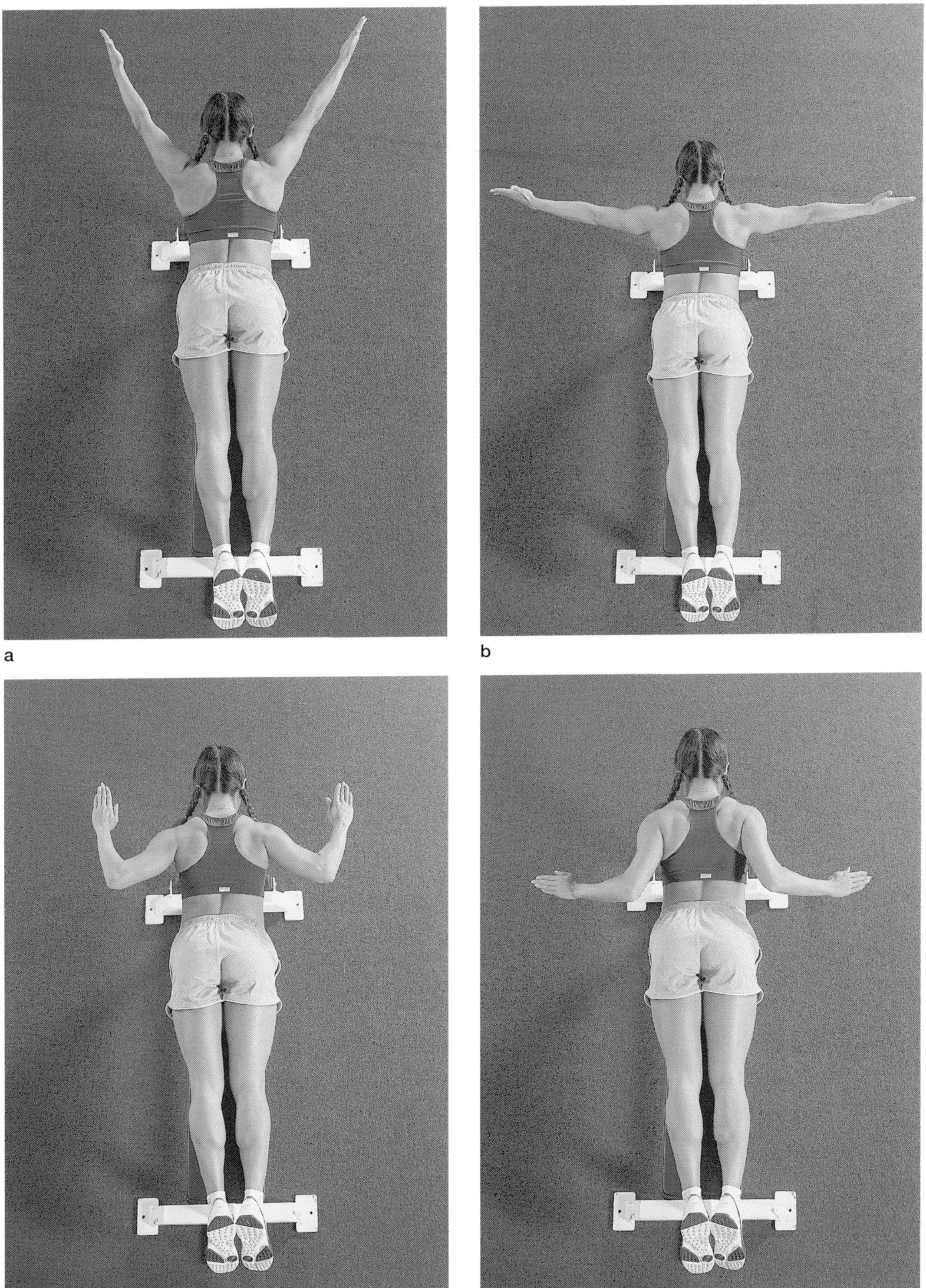
a b c d

図9.15　プローンショルダーサーキット

肩は上半身の見ためをよくしたいという誘惑があるため，機能的にトレーニングするにはもっとも難しい部位である。選手はベンチプレスのかわりにプッシュアップをすることを嫌がり，自分では見られない背筋を強化することを億劫がる。

だが，チンアップやプッシュアップのバリエーションを試してみることは価値がある。そして，選手はインバーテッドローやスタビリティボールプッシュアップを行うために必要な体幹のスタビリティやストレングスがないことに気づくかもしれない。そのようにして，上半身のファンクショナルトレーニングの重要性を深く理解するのである。

ベンチプレスを無理にプログラムから外さなくてもよいが，そのかわりプログラムにより深いファンクショナルエクササイズを取り入れるようにする。徐々に移行していくことで，この難しい部位のファンクショナルトレーニングに対する抵抗を取り除いていけばよいのである。

Functional training for sports

10

パワーアップと障害予防のためのプライオメトリックトレーニング

パワーアップを目的としたトレーニングは，アスレティックトレーニング界では議論の的である。たいていの選手がよりパワフルになりたいと思っているにもかかわらず，その方法論には賛同しないことが多い。プライオメトリックスやメディシンボールスロー（８章），そしてオリンピックリフト（11章）のいずれもパワーの増大には有効である。しかし，どのトレーニング方法にも良い点と悪い点があるため，トレーニングの選択は個人の好き嫌いや専門性に左右されることになる。またファンクショナルトレーニングの安全性が曖昧になってきており，なかにはファンクショナルトレーニングは負荷をかけて行うと危険を伴う可能性もあると考えている専門家もいる。選手やコーチ，トレーナーはパワーを向上させる方法として，最近推奨されているウエイトを持って前傾姿勢をとりすばやく動くという方法か，あるいは私たちの施設で行っている従来のオリンピックリフトとプライオメトリックス，メディシンボールスローを組み合わせた方法のいずれかを用いなければならない。オリンピックリフトとプライオメトリックス，メディシンボールスローの組み合わせは爆発的なパワーを養うのに最適な方法であり，適切になされるならば非常に安全な方法である。ここではプライオメトリックトレーニングについて説明する。

近年はファンクショナルトレーニングと同様に，プライオメトリックトレーニングも議論の的である。十分な脚力のない選手にプライオメトリックトレーニングを導入してはならないと多くの専門家は述べており，スクワットで体重の２倍の重さを上げられなければプライオメトリックトレーニングを始めてはならないとしている文献もある。ところがこれらの示唆には根拠がなく，もしこの基準に従うならば，私たちの施設でトレーニングをしている選手の90％はプライオメトリックトレーニングをしてはいけないことになってしまう。「スクワットで体重の２倍を上げる必要がある」というガイドラインはハイレベルなプライオメトリックスを念頭に置いた，何年も前に提示されたものであり，いつのまにかすべてのプライオメトリックトレーニングに対して間違って適用されていたのである。ほかには，プライオメトリックトレーニングを始める前に８週間の筋力強化期間が必要という説もある。この説の方がどちらかというと合理的であるが，オフシーズンでのトレーニング期間は10～12週間しかないため，やはり現実的ではない。8週間も導入のトレーニングをすると実際にプライオメトリックトレーニングを行えるのは最大で4週間しかなく，4週間という期間はピリオダイゼーションを考えるとあまりにも短すぎる。プライオメトリックトレーニングを成功させる鍵はエクササイズを漸進的に行い，次の段階へと進むタイミングはあらかじめ決められた進度表に従うのではなく，エクササイズの完成度に基づくことである。もし第1段階のスキルが十分に習得できていない場合は，次へ進まずに第1段階のエクササイズをさらに2～3週間続ける。決められた進度表に無理に合わせようとする必要はない。

プライオメトリックトレーニングの漸進的プログラム

漸進的プライオメトリックトレーニングプログラムは，多くのコーチや選手が一般的な「プライオメトリックス」と認識しているエクササイズを導入する前に，ジャンプや着地の方法を教えるプログラムである。また，プログラムの初期段階での目的はパワーアップというよりもむしろ障害の予防である。

漸進的プライオメトリックトレーニングプログラムにおける第1～3段階のドリルは，「真のプライオメトリックス」とはいえない。これらの段階でのドリルはジャンプ技術や着地での安定性，およびジャンプでの弾性要素について学ぶように構成されている。そして，第4段階になってはじめて真のプライオメトリックスが登場する。

では，「真のプライオメトリックス」とは何か。真のプライオメトリックドリルでは接地時間を極力短くすることを求められる。そこで選手は衝撃吸収期を最小限にすること，地面に対して積極的に反応することを学ぶ。プライオメトリックトレーニングの科学的検討は多くなされているが，人間の身体の現実と科学とのギャップをまだ安全には埋められないでいる。人間は歩く前に這うことを，走る前に歩くことを覚えなければならない。同じことがプライオメトリックスにもいえる。接地時間を最小にしようとする前に，ジャンプの方法と着地の技術を習得しなければならない。重力は過体重の選手や若い選手，そして筋力不足の選手にとっては敵であり，選手にジャンプを教える時や爆発的なパワーを向上させようとする際は重力のことをよく考慮する必要がある。

各段階でのプライオメトリックドリルは，リニア（直線方向）ドリルとラテラル（横方向）ドリルに分けられる。プログラムの量は接地回数で決める。ここでは接地回数は少なめに抑え，ジャンプの強度を徐々に増していく。ジャンプの強度は重量負荷を増やすか，接地するときの衝撃吸収方法を変化させることで調整する。たとえば，ボックスの上に跳び乗るのではなくボックスを跳び越えさせることや，あるいは弾みや跳ね返りといった弾性要素を導入することで強度を増すことができる。後半の段階であっても，週に150回以上接地しないようにする。変化させるのはジャンプの回数ではなく，強度である。

●第１段階：一方向への反応，スタビリティの獲得

第１段階ではまずジャンプと着地の習得が中心である。腕や臀部を使って力強くジャンプし，柔らかく着地するよう選手に指示する。その際，柔らかく着地すればするほどよい。関節ではなく筋を使って着地の衝撃を吸収することを学ぶようにする。

この段階での目的は，エキセントリックなストレングスを改善することである。第１段階はプライオメトリックトレーニングにおいてもっとも重要だが，不運なことにもっとも見落とされている。第１段階のトレーニングを抜かしたり適当に行ったりすると，その後の段階で受傷する主な原因となる。第１段階は一般的に３～４週間と考えられるが，各選手の状況に合わせて変化させる。あくまでもエキセントリックでのストレングスとスタビリティの改善がキーポイントであり，これを成し得るまではこの段階に留まるべきである。そして，選手のパフォーマンスに関係なく必ず第１段階から始め，プロであろうと高校生であろうと第１段階に最低３週間は費やす。繰り返しになるが，この段階では着地のためのエキセントリックな力を改善させることが目標である。また第１段階は腱のトレーニングととらえるとよい。

さらに，各段階のドリルはリニアとラテラルに分けられる。第１段階ではリニアとラテラルのドリルの中から１つずつ選び，５回ジャンプを３～５セット行う。ラテラルジャンプであれば左右それぞれ着地を５回，これを３セット行う。

これから紹介するエクササイズを週に２回実施する。

■ ボックスジャンプ　Box Jump

このリニアエクササイズはすべてのジャンプドリルの基本である。選手の能力に合わせてボックスの高さを選ぶ。多くの選手が見栄を張って高さのあるボックスを選ぼうとするが，その選手のジャンプ能力に不安を感じるようであれば，コーチは躊躇することなくボックスの高さを低くするようにする。初心者ではボックスの高さはおおよそ10〜60cmの範囲で，選手のレベルに合わせて選ぶ。かなり能力が高ければ75cm程度もあり得るだろう。5回ジャンプを3〜5セット，最大で25回のジャンプ（プライオメトリック用語では25フットコンタクト）を行う。ボックスの高さが適切かを判断するのは簡単である。

1. 静かに着地できているか。
2. 着地時とジャンプ時のしゃがみ込んだ態勢（スクワットの深さ）が同じであるか。もし着地時のスクワットの方がジャンプ時よりも深いようであれば，ボックスが高すぎるといえる。

着地時とジャンプ時のスクワットの深さの比較は，プライオメトリックスの専門家でオレゴン大学のストレングスコーチであるJim Radcliffe（ジム・ラドクリフ）の講演や書籍からアイディアをいただいた。この簡単な方法によって選手がボックスジャンプを正しく行っているかを判断できる。着地時のスクワットの深さがハーフスクワットより深くならないように気をつける。

図10.1　ボックスジャンプ

■ シングルレッグボックスジャンプ　Single-Leg Box Jump

ボックスジャンプで説明したテクニックを使用する。ただし，ボックスの高さは10cmから始める。片足につき5回ジャンプを3セット，合計15回行う（図10.2）。

図10.2　シングルレッグボックスジャンプ

■ シングルレッグラテラルボックスジャンプ　Single-Leg Lateral Box Jump

このエクササイズも週に2回行う。高さ10cmのボックスの横からボックスの上へジャンプする（図10.3）。このエクササイズの鍵は片足での安定した，静かな着地である。
片足ごとにボックスに向かって3回ジャンプ，逆側へ3回ジャンプ，合計6回ジャンプする。このような2方向へのジャンプでは安定性に求められるものが著しく異なる。
片足につき6回ジャンプを3セット行う。

図10.3　シングルレッグラテラルボックスジャンプ

●第2段階：多方向への反応，スタビリティの獲得

第2段階では重力の要素が増してくる。第1段階での単純なボックスジャンプとは異なり，この段階では障害物（高さと幅の要素があるもの）を跳び越えたり，またラテラルドリルでは左右の足で動いたりする。このことで筋により大きなエキセントリックな負荷がかかるようになる。

柔らかい着地はこの段階でも目標であるが，重力負荷が大きくなることで必要とされるエキセントリックな力も増える。

プログレッションは，ジャンプの回数を増やすのではなく，ジャンプのエキセントリックな負荷を大きくする。

この段階と第1段階でのリニアドリルの違いは，重量負荷の増大である。ボックスに跳び乗るかわりに，ジャンプの種類や選手の能力に応じたボックスやハードル（15～75cm）を跳び越えるドリルになる。

■ ハードルジャンプ＆スティック　Hurdle Jump and Stick

ハードルジャンプ＆スティックは30～75cmのハードルを跳び越え，静かにかつ安定した姿勢で着地する（図10. 4）。ハードルが低すぎてもうまくいかないので，30cmから75cmで使う高さのハードルが最適である。

5台のハードルを跳び越える動きを3～5セット，合計で15～25回ジャンプ行う。

図10. 4　ハードルジャンプ＆スティック

■ ワンレッグハードルホップ＆スティック　One-leg Hurdle Hop and Stick

高さ15cmのハードルのみを用い，ハードルジャンプ＆スティックで説明したテクニックで行う。ワンレッグハードルホップ＆スティックではジャンプする足と着地する足が同じである（図10.5）。着地の安定性に問題があれば，ハードルのかわりに棒あるいは線をひいて行ってもよい。
片足につき５回ジャンプを３セット，合計30回ジャンプを行う。

図10.5　ワンレッグハードルホップ＆スティック

■ ハイデン＆スティック Heiden and Stick

ハイデン＆スティックは基本的なラテラルエクササイズであり，スケーターズあるいはスケートホップなど，さまざまな名前で知られている。

右から左へとジャンプし，着地でいったん確実に静止してから反対方向へジャンプする。ジャンプする際は高さと距離を意識する（図10.6）。

片足につき5回ジャンプを3セット，合計30回ジャンプを行う。

図10.6　ハイデン＆スティック

■ ジグザグバウンド＆スティック Zigzag Bound and Stick

ジグザグバウンド＆スティックはハイデン＆スティックでの横の動きに前方向の要素を加えたドリルである。真横にではなく，約45°斜め前にジャンプする（図10.7）。
片足につき5回ジャンプを3セット，合計30回ジャンプを行う。

図10.7　ジグザグバウンド＆スティック

●第3段階：多方向へのジャンプ動作，弾性要素の導入

第3段階はコーチや選手が「真のプライオメトリックス」と考えているエクササイズを行うための準備が始まる。この段階では単なるエキセントリックな力の改善ではなく，むしろエキセントリック（伸張性収縮）からコンセントリック（短縮性収縮）への移行が目的となる。エキセントリックからコンセントリックへの移行はプライオメトリックトレーニングの本質であるが，プライオメトリックスに関係する障害のほとんどがエキセントリックな着地技術の習得を怠ったことによって生じているのである。第1段階，第2段階では障害予防とのちに紹介するストレッチ・ショートニングサイクル（stretch-shortening cycle work）の基礎固めをし，そして第3段階ではドリルにバウンス（弾み）を取り入れてストレッチショートニングサイクルを導入する。ここでの鍵は，筋だけでなく結合組織にもかかるストレスの種類と量が徐々に増大することである。

第3段階のエクササイズは基本的に第2段階

と同じであるが，次のジャンプをする前にバウンスする点が異なる。トレーニング内容を大きく変化させずにストレッチショートニングサイクルを導入していく。プログレッション法はジャンプの回数ではなく，強度を変化させるようにする。

■ ハードルホップバウンス Hurdle Hop With Bounce

ハードルジャンプ＆スティック（p.158参照）と同様のテクニックを用いるが，着地時は静止せず，次のジャンプをする前にバウンス動作を入れる。

■ ワンレッグハードルホップバウンス One-Leg Hurdle Hop With Bounce

ワンレッグハードルホップ＆スティック（p.159参照）と同様のテクニックを用いるが，着地時は静止せず，次のジャンプをする前にバウンス動作を入れる。もしこのドリルがうまくできないようであれば第２段階のドリルに戻り，静止した着地が正しくできるようになるまで練習する。

■ ジグザグバウンドバウンス Zigzag Bound With Bounce

第２段階のジグザグバウンドと同様のテクニックを用いるが，次のジャンプの前にバウンス動作を入れる。

●第４段階：多方向へのジャンプ，弾性的な反応

第４段階ではじめて，コーチや選手が「プライオメトリックス」と考えているドリルが登場する。この段階では地面に対して反応することと着地後の接地時間を最小にすることを意識する。「どうしてこんなに長い時間をかけるのか」と疑問に思うかもしれないが，このアプローチ方法であれば正しいテクニックを安全に，早く習得できるからである。ただし，このアプローチ方法で間違えやすいのは，慎重になりすぎて初期の段階を必要以上に長く続けてしまうことである。

第４段階では接地時間を最小にし，エキセントリックからコンセントリックへの移行が弾性的で爆発的だが，スムースに成されなければならない。すばらしい選手のプライオメトリックス動作を観察してほしい。動きは実に爆発的であるが，スムースで静かに行われているはずである。このとき，神経－筋システムが最大限に稼働しており，関節にはストレスがほとんど加わっていない。これこそが漸進的プライオメトリックトレーニングプログラムの目指すものである。

■ ハードルジャンプ Hurdle Jumps

両足でハードルを跳び越える，リニアドリルである。

■ パワースキップ Power Skip

通常のウオームアップスキップに股関節の伸展を加え，高さと距離を大きくするリニアドリルである。

図10.8　パワースキップ

■ ラテラルバウンド Lateral Bound

左右への連続ジャンプを力強く行うラテラルドリルである（図10.9）。
股関節外転筋と協調することで横方向へのパワーが得られる。

図10.9　ラテラルバウンド

■ クロスオーバーバウンド Crossover Bound

交差した前方の足で地面を爆発的に押し，横方向へのパワーを得るラテラルドリルである（図10.10）。

図10.10　クロスオーバーバウンド

プライオメトリックスとACL損傷の予防

膝の前十字靭帯（ACL）損傷は，スポーツ界では，疫病レベルといっても過言ではない。ACL断裂は年間約10万件発生しているという報告もある。

2001年に行われたMike Clark（マイク・クラーク）の講演によると，サッカー，バスケットボール，フィールドホッケーなどの若年女性選手で年間3万件以上のACL断裂が発生していると考えられる。この数字からだけでも，女性選手のためにACL損傷の予防を目的としたプログラムが導入されるべきだとわかる。

理学療法やアスレティックトレーニング関連の多くの集団はACL損傷予防のためのエクササイズプログラムを開発し，売り込み始めている。もちろん良いものもあれば，そうでないものもあるが，適切なACL損傷予防プログラムに欠かせないことは次の2つである。

1．シングルレッグストレングス（片足の筋力）（6章と7章を参照）
2．着地と減速のスキル（この章で説明）

ACL損傷はたいてい，あまりにも筋力の弱い選手が着地や方向転換をするときに生じやすい。大多数の研究において女性の生理学的特性要因，たとえば股関節や膝の骨格構造，または月経変化などが指摘されているが，それらの要因は残念ながら取り除くことはできない。医師や理学療法士，コーチ，トレーナーはいずれも骨格構造を変化させたり，月経周期を競技の予定に合わせたりはできないのである。

ACL損傷予防に対しては，次のように考えている。

「変化させられないものは静かに受け入れ，変化させられることに対しては積極的にアプローチしよう。結果は自ずとわかるであろう」

The Serenity Prayer「ニーバーの祈り」 Reinhold Niebuhr（ラインホールド・ニーバー）

God grant me the serenity to accept the things I cannot change,
the courage to change the things I can,
and the wisdom to know the difference.

変えることのできるものについて，それを変えるだけの勇気をわれらに与えたまえ。
変えることのできないものについては，それを受けいれるだけの冷静さを与えたまえ。
そして，変えることのできるものと，変えることのできないものとを，識別する知恵を与えたまえ。

（大木英夫訳）

なぜ男性選手に比べて女性選手はACL損傷が生じやすいのかという疑問がなかなか頭から離れないかもしれないが，私たちが変えられることに時間と労力を費やすほうが賢いだろう。コーチやトレーナーは若年女性選手の解剖学的・生理学的特性に苦しめられるが，それらは変えることのできない事実である。女性選手の数は年々増えており，また競技レベルも向上している。では，私たちは何ができるのであろうか。答えはシングルレッグストレングス（コンセントリックとエキセントリックの両方）の改善と着地技術（ランディングスキル）の習得であり，そのためにストレングストレーニングとプライオメトリックトレーニングを実施する。とくにプライオメトリックトレーニングが重要であるが，トレーニングプログラムの作成には十分な計画と注意が必要である。計画や注意事項が貧弱なプログラムでは膝蓋大腿関節に痛みが発生し，若年女性選手であれば別の部位にも問題が出てくる可能性がある。よってプライオメトリックトレーニングプログラムは必ず第1段階から始めるようにする。また，本書で紹介しているさまざまなテクニックやエクササイズそのものがACL損傷予防プログラムの土台となる。そして，シングルレッグストレングストレーニングと正しいプライオメトリックトレーニング，方向転換ドリルを中心としたコンディショニングプログラムはACL損傷予防に大いに役立つものなのである。

若年女性選手に対しては，筋力向上を必要以上に強調しないようにする。6章で説明した，スプリットスクワットからワンレッグボックススクワットまでのシングルレッグストレングスのプログレッション法を取り入れ，次のレベルへと進むのは前段階のエクササイズが完全に習得できてからにする。若年女子選手のほとんどはワンレッグスクワットへ到達するには，数週間から数か月を必要とするだろう。

若年選手に対して，ストレングストレーニングによってコンセントリックなシングルレッグストレングスを改善させると同時に，プライオメトリックトレーニングによってエキセントリックな筋力と着地技術を習得させる。その際はプライオメトリックトレーニングを適切に指導し，個人の能力に合わせてプログレッションさせることが重要である。また，ここで紹介した4段階でのトレーニングプログラムは最初の9週間でジャンプと着地によるストレスを徐々に上げていくようにデザインされており，ACL損傷予防やリハビリテーションプログラムには最適であるといえる。下肢筋力が十分に得られるまではプライオメトリックプログラムを始めるべきではないと警告する専門家もいるが，もしそのガイドラインに従うならば若年選手はプライオメトリックトレーニングの恩恵を受けられないだけでなく，着地技術の習得に欠かせない第1段階のドリルさえもできないことになる。初心者でも初日からもっとも簡単なドリルを始められるのである。「まずは筋力強化を」と唱えていては，ACL損傷予防が遅くなるだけである。

ACL損傷予防のプログラムデザインはいたって簡単である（表10.1）。この例では上半身のエクササイズは省略してあるが，時間が許すかぎり行うようにする。週ごとに3回のワークアウトを行うが，第1週ではリニアドリルの日を2日，第2週では逆にしてラテラルドリルの日を2日，リニアドリルの日を1日とする。また，リニアドリルの日には片足でのヒップ・ニーエクステンションエクササイズを，ラテラルドリルの日にはヒップエクステンションエクササイズを2種類ずつ組み入れる。これによって，ハムストリングス優位のエクササイズと膝優位のエクササイズをバランスよく行うことができ，そしてリニア，ラテラルでのジャンプと着地のスキルをバランスよく習得できるようになる。トレーニングできる日が2日だけの場合は，リニアの日とラテラルの日を交互に行う。

表 10.1　スリーデイ 障害予防プログラム例

Day 1	Day 2	Day 3
Week 1		
リニアプライオメトリック ボックスジャンプ 5回×3セット	ラテラルプライオメトリック ハイデン&スティック 片足5回×3セット	リニアプライオメトリック ボックスジャンプ 5回×3セット
スプリットスクワット 8回×3セット	ステップアップ 片足8回×3セット	スプリットスクワット 8回×3セット
ラテラルスクワット 8回×3セット	ワンレッグSLDL 8回×3セット	ラテラルスクワット 8回×3セット
クックヒップリフト 8回×3セット	ハイパーエクステンション 8回×3セット	クックヒップリフト 8回×3セット
Week 2		
Day 1	Day 2	Day 3
ラテラルプライオメトリック ハイデン&スティック 片足5回×3セット	リニアプライオメトリック ボックスジャンプ 5回×3セット	ラテラルプライオメトリック ハイデン&スティック 片足5回×3セット
ステップアップ 片足8回×3セット	スプリットスクワット 8回×3セット	ステップアップ 片足8回×3セット
ワンレッグSLDL 8回×3セット	ラテラルスクワット 8回×3セット	ワンレッグSLDL 8回×3セット
クックヒップリフト 8回×3セット	ハイパーエクステンション 8回×3セット	クックヒップリフト 8回×3セット

漸進的プライオメトリックトレーニングは，パワーの出力を改善させる方法の１つである。ここで紹介した一貫性のあるプログラムによってスピードや水平・垂直方向へのジャンプ能力を安全に鍛えられると同時に，受傷のリスクも軽減できる。キーポイントは段階を確実に踏むことであり，けっして飛ばしてはならない。近道をすると改善できないばかりか，受傷の危険性が高まるだけである。

また，プライオメトリックスはパワーを改善させる３つの方法のうちの１つにすぎない。プライオメトリックスとメディシンボールスロー（８章），そしてオリンピックリフト（11章）を組み合わせることでパワー改善に最大の効果が得られるのである。

もちろん，やりすぎは禁物である。ここで推奨したジャンプの回数や１週間あたりのトレーニング日数を超えないようにする。ただし，説明通りに行うのであれば，週に４日のトレーニングでも障害は起こらない。リニアドリルの日とラテラルドリルの日がそれぞれ２日間ずつであっても，これに対応したウォームアップ（５章）を行い，説明通りに行うのであればオーバーユースにはならない。選手が求めるスピードや垂直方向へのジャンプ力，総合的なパワーの向上，そして障害予防はここで紹介したプライオメトリックトレーニングによって現実に近づくのである。

Functional training for sports

11

クイックネスとパワーのためのオリンピックリフティング

選手であれば誰でも早くてより爆発力のある選手になりたいと思い，パワーを向上させる安全かつ最適な方法を探し求めている。そのようななか，オリンピックリフティングやそのバリエーションによってパワー出力が急速に改善されるという証拠が蓄積されてきている。とはいえ，このトレーニング方法の習得には長期間かかり，また常に指導者の管理の下で行う必要がある。多くのコーチがオリンピックリフティングをトレーニングの一環として採用したが，残念ながらこの方法を正しく教えられないコーチも中にはいた。適切な指導や安全な管理がなされない場合はこのトレーニングによって障害を起こすことさえあり得る。障害が発生するとその原因はテクニックが未熟な選手に向けられるが，その原因を作ったコーチやトレーナーにも責任があるといえる。

もしオリンピックリフティングを上手に教えられないと思っているのであれば，この方法をトレーニングに組み入れるべきではなく，メディシンボールスローやプライオメトリックスを高速で行って代用する方がよい。安全で効果的なトレーニングプログラムを開発するには，実践を通してバランス理論を習得することが必要である。また，いかなる爆発的動作でもトレーニングプログラムに取り入れる前に必ず，しっかりとしたテクニックでの動き方を習得する。取り扱う重量よりも，テクニックに注意を払うことが大切である。

オリンピックリフティングは，すばらしいファンクショナルトレーニングである。オリンピックリフティングは立位で行われ，全身の筋が爆発的に，しかも協調しながら力を発揮する。正しいテクニックを習得できれば，短期間で膨大な仕事量を成し遂げることができるようになる。一方で，常に適切な指導と管理が必要であり，そしてついテクニックよりも重量に関心が向いてしまうことがこの方法の短所といえる。

ここでは，私たちの施設において指導し，実施しているオリンピックリフティングについて解説する。腰痛の問題がないかぎり，競技にかかわらずすべての選手に対してオリンピックリフティングをトレーニングプログラムに取り入れている。ただし，野球，テニス，水泳などの選手に対しては肩のローテーターカフに過剰なストレスを与えないようにするため，スナッチのような爆発的なオーバーヘッドの動きは控えるようにしている。オリンピックリフティングを膝上でバーを持った態勢から指導することで，私たちの施設ではこのトレーニングによる障害発生率はほぼゼロである。

オリンピックリフティングを習得するにあたってもっとも簡単なのは，ハングポジション（バーを握って自然に下垂させた位置で，バーは必ず膝よりも上にある状態）からリフティングを始めることである（p.172の図11.3参照）。この態勢によってリフティングでかかる腰部への負担を軽減でき，またほぼ全員が正しいリフティングができるようになる。反対に，床からのリフティングは難しいと感じるだろう。また，効果的な力学的てこ，中胚葉型の体格，股関節の高い柔軟性といったウエイトリフティングのオリンピック選手が持っているような身体的特性は，たいてい他の選手は持ち合わせていない。実際のところ，優秀なバスケットボール選手やボート選手になるための特性が競技ウエイトリフティングの選手に当てはまるわけではない。つまり自分自身のスポーツでより優秀な選手になることが目的であり，ウエイトリフティング選手になる必要はないのである（あなたの競技がウエイトリフティングであれば話は別だが）。オリンピックリフティングは常に目標のための手段であり，リフティングそのものが目標ではない。

オリンピックリフティングとそのバリエーションの目的は，パワーの改善と競技力の向上である。オリンピックリフティングは筋を見栄えよく発展させてくれるが，これは本来の目的ではない。目的は重りを単に持ち上げることではなく，速く，力強く，そしてアスリートらしく持ち上げることなのである。オリンピックリフトでは最初に神経系システムが鍛えられ，次に筋系システムが発展するという傾向にある。

オリンピックリフティング姿勢習得の鍵

次は，オリンピックリフティングを習得するためのガイドラインである。

- まず安全第1である。リフティング環境に意識を向ける。また，可能であればリフティング用のプラットフォームを利用する。
- 正しいテクニックで練習する。これは簡単である。もし見た目からして正しくなさそうであれば，おそらく正しくないといえる。バーをA地点からB地点に単に移動させるのが目的ではなく，素早くかつ正しいテクニックで移動させることが重要である。この時点で妥協してしまうと，このトレーニングは失敗に終わるであろうし，オリンピックリフティングを教えることもできない。
- ウエイトではなく，動きのスピードを意識する。ウエイトが重すぎることによって，間違った技術が身についてしまうことが多い。もはやエゴと良識の戦いである。ウエイトを減らすことがもっとも簡単で，もっとも明らかな修正方法である。

基本的な姿勢ができていれば誰でも，クリーンとスナッチを習得できる。

オリンピックリフティングの指導に決まったやり方はない。ところが，私にはアメリカンフットボール選手からフィールドホッケー選手に至るまで多くの選手にリフィティングを指導した実績がある。思い出してほしい。すべての指導者はウエイトリフティングのオリンピック選手を育てるわけではなく，より良い選手を育てようとしているのである。ウエイトリフティング選手向けのプログラムに従うのではなく，オリンピックリフティングとそのバリエーションを用いてパワーを改善させるためのプログラムを作成することが必要である。

おもなオリンピックリフティング姿勢の習得には4つのステップがある。

図11.1　ハンズフリーフロントスクワット

ステップ1：ハンズフリーフロントスクワット

クリーンより先にフロントスクワットを習得する。腕を前方に伸ばし，バーを三角筋の上で保持する（**図11.1**）。両手は意図的にバーにかけない。これによってバーを手首ではなく肩に正しく乗せ，保持する感覚が養われる。クリーンでもっとも多い問題はバーを正しくキャッチできないことである。このステップは重要なので，けっして飛ばさない。

図11.2　クリーングリップフロントスクワット

ステップ2：クリーングリップフロントスクワット

クリーングリップフロントスクワットでは，クロスオーバーグリップを用いない。

このスクワットが正しくできてはじめて，正しいクリーンができるようになる。フロントスクワットのスタートポジションは，クリーンでのキャッチポジションやプッシュジャークまたはプッシュプレスのスタートポジションに応用できる。

図11.3　クリーンとスナッチのスタートポジション

ステップ3：
クリーンとスナッチのスタートポジション

これはプルの基本姿勢である。肩幅に足を開き，膝をやや曲げ，胸をバーより前に出す。前腕を回内させ，手首は下に曲げ，腕を伸ばし，肘は外側に向ける（図11.3）。

ステップ4：オーバーヘッドサポートポジション

この姿勢はスナッチやプッシュジャーク，およびプッシュプレスのフィニッシュポジション，さらにオーバーヘッドスクワットに応用できる。腕を伸ばし，頭の上でバーを保持する練習をする。手首は固定させ，頭をやや前へ出してバーを頭より後ろで保持し，膝をやや曲げる（図11.4）。

図11.4　オーバーヘッドサポートポジション

オリンピックリフティングは常に膝より上の位置（ハングポジション）からバーを持ち上げることを思い出してほしい。この態勢が簡単で安全であり，かつどのような体型であっても誰もがリフティングを始められるのである。身体の大きい選手や長身の選手，あるいは身体の硬い選手（すなわちほとんどの選手）にとって床からバーを持ち上げるクリーンを習得するのは容易ではない。

「クリーンは絶対床から始めなければならない」と言っている，自称専門家の意見に耳を貸す必要はない。

ハングクリーンとクローズドグリップスナッチの習得

ステップ１：バーの正しい上げ下げ方の確認

背中はやや反らし，張っておく。簡単なことのようだが，バーの上げ下げが正しくできないことが障害の原因となる。

ステップ２：フロントスクワットの確認

ハンズフリーフロントスクワットでバーを三角筋でコントロールすることを身につける。このテクニックを必ず最初に習得する。次のステップのクリーングリップフロントスクワットでは手首，肩，肘の柔軟性を養うようにする。

ステップ3：スタートポジションの確認

■ 手首を下に曲げる

■ 腕を伸ばす

■ 背部を反らす

■ 肩をバーより前に出す

ステップ4：大腿部に沿ってバーを下ろす

膝を曲げるのではなく，股関節から曲げる。

ステップ5a：ハングクリーン

肩幅よりやや広めにバーを握り，ジャンプして肩をシュラッグし，そしてフロントスクワットの姿勢でバーをキャッチする（図11.5）。

ステップ5b：クローズグリップスナッチ

クリーンとまったく同様にバーを握る。スナッチでは一般的に広めの幅で握ると教わるが，それは重い重量を扱うときのみで，ここでは推奨しない。バーを肩幅で握り，オーバーヘッドサポートポジションを復習する。バーは頭よりも後ろで保持し，膝を曲げ，背中を反らす（図11.6）。スナッチの最中は，バーを天井へ放り投げる様子をイメージしてみる。

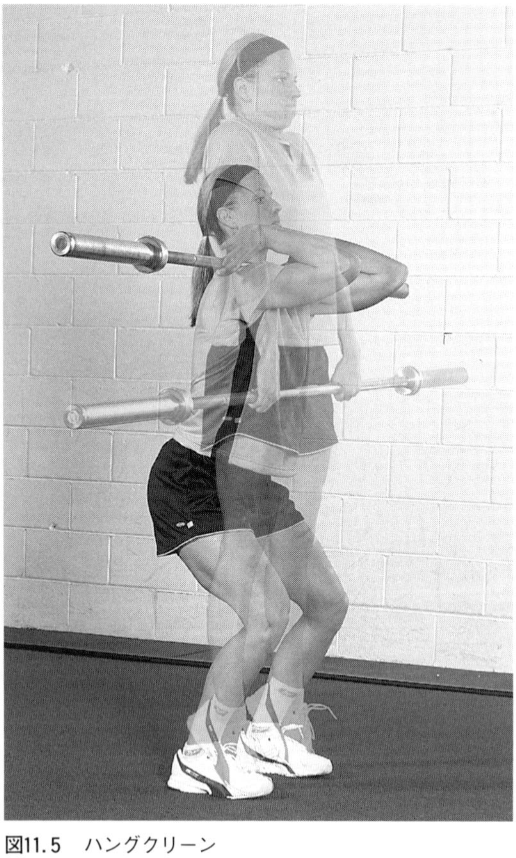

図11.5　ハングクリーン

図11.6　クローズドグリップスナッチ

ステップ6：バーを元の位置へ戻す

背部はそのままフラットに維持し，緊張させておく。

指導のポイント

1．スタートポジション時
視線はまっすぐ前方をみる。
胸を張る。
背部を反らす。
腕は伸ばすが，肘はリラックスさせる。
手首を下向きに曲げる。このことでバーを常に身体の近くで保持できる。
上体を前傾させる。スタートポジションでは肩をバーより前に出す。
2．プルとジャンプ時
ジャンプしてシュラッグする。
ジャンプして座る。
ジャンプして肘を引き上げる（プルをやりやすくする）。
3．キャッチ時（クリーンのみ）
バーの下に座る。
肘を上方で維持する。選手が30名いるとすると，うち１名は「柔軟性がないため実際にはできない」，残りの29名は「そんなことはできない」と言うだろう。
殿部は後方で維持する。

オリンピックリフティングは正しく行われ，積極的に管理されている状況であれば，楽しく安全なエクササイズである。熟練したテクニックとより速いスピードでのバーの移動を目指してトレーニングしてほしい。けっして持ち上げる重量のことばかりに気をとられてはならない。この過程によって，想像すらできなかったであろうパワーと競技性が獲得できるだろう。

オリンピックリフティングの代替エクササイズ

ウエイトリフティングはしたくないが下半身のパワーを向上させたいと考えているならば，かわりにジャンプスクワットをするのがよいだろう。ジャンプスクワットは長年にわたってヨーロッパの陸上競技選手に愛用されている。このエクササイズは殿部のパワーをオリンピックリフティングと同じように向上させるため，リフティングのテクニックが未熟な選手や，肩や腰部に問題があるためにリフティングができない選手にとっては最適である。

ジャンプスクワットはフルスクワットよりやや浅めの態勢からジャンプを始める。初心者はジャンプごとに確実な着地動作を行い，熟練者であればプライオメトリックのようなエキセントリック－コンセントリックの切替をしながらジャンプする。また，ジャンプスクワットでは負荷をかける重量がしばしば話題となる。従来のガイドラインではバックスクワットにおける

１RMの25%の負荷をかけるとされていたが，このやり方では選手自身の体重が考慮されておらず，きわめて不備があるといえる。例をあげて，次に説明する。バックスクワットでの１RMが同じ220kgである選手ＡとＢが，ガイドライン通りに１RMの25%である55kgのウエイトを持ってジャンプスクワットを行うとする。このときＡの体重が90kg，Ｂの体重が155kgであるとすると，体重あたりのストレングスは明らかにＡの方が優れているとわかる。このように考えると，55kgのウエイトがＡにとっては問題のない重量であっても，すでに体重が155kgあるＢに負荷をさらに加え，きちんとしたジャンプスクワットをさせることは困難であろう。体重あたりのストレングスが低いＢにとっては実際，自体重だけでも十分すぎるほどの負荷になるだろう。そこで，１RM法ではなく，次の計算式の活用を提案する。

［(スクワット＋体重)×0.4］－体重＝ジャンプスクワット重量

選手Ａ：［(220＋90)×0.4］－90＝34kg

選手Ｂ：［(220＋155)×0.4］－155＝－5 kg

この例からするとＢは自体重でのジャンプスクワットで十分負荷がかかっているということになるが，もし１RMの何パーセントといった安直な負荷の算出方法に従って負荷をかけるとすると，かなりの過負荷状態になるといえる。Ａにとってもこの計算式から算出した34kgの負荷で十分である。

スクワット可能な総重量を選手自身の体重とウエイトの重量を組み合わせた重さとして考え，この計算式を用いてジャンプスクワットの負荷設定をする。また，筋力の弱い選手や身体の大きい選手にも応用することができる。

下肢のパワーを発展させるためにオリンピックリフティングあるいはジャンプスクワットのどちらを選ぼうとも，外部負荷の使用によって下腿や殿部を鍛えることができ，そして効果的にスピードやジャンプ能力を向上させることができる。オリンピックリフティングやジャンプスクワットの長所は，筋量を増大させることなくパワーを改善できることである。このトレーニング方法は筋系ではなく神経系システムに働きかけるため，フィギュアスケートやレスリング，あるいは体操競技の選手にとって最適であるといえる。さらにこのような爆発的なリフティングトレーニングはアメリカンフットボール選手だけを対象としていると勘違いしているコーチやトレーナーが多くいるが，それは大きな間違いである。オリンピックリフティングとそのバリエーションはすべてのスポーツ種目で，あらゆる体型の選手に，そして筋量を増やさずに全身のストレングスを高めたい選手にとって有用なのである。

Functional training for sports

12 パフォーマンスを高めるプログラム

ここでは競技別プログラムの例を提案するが，ある考えを明確にしておく。“スポーツの特異性に応じたストレングス”というのは今日のアスレティックトレーニング界における最大の勘違いである。各競技にそれぞれ独自のプログラムが必要という発想は間違いである。同じカテゴリーに属するスポーツであれば必要とするものが似ており，またスピードやストレングス，ラテラルアジリティなどはそれぞれのスポーツでの差異はあまりない。国内における著名なストレングス＆コンディショニングコーチのほとんどがさまざまな競技種目の選手に対して似たようなプログラムを採用している。ストレングス，スピード，そしてアジリティ能力が高すぎるアスリートに遭遇することはきわめて稀である。足の速い野球選手は，足の速いアメリカンフットボール選手とどのような点で異なるだろうか。もしあなたがコーチだったとしたら，野球でのスピードとアメリカンフットボールでのスピードをまったく違うものとして鍛えようとするだろうか。コーチらは能力テストの測定方法が違うからと答えるかもしれないが，そのことは問題ではない。トレーニング自体は大して差がないだろう。しかしここでもっとも問題なのは10m走でいかに選手が急加速と急減速ができるかであり，競技特性に応じた“お気に入りのテスト”でどう好成績を収めるかではない。ストレングスにおいても同様である。野球選手を強くしようとした場合，アメリカンフットボール選手を強くする過程と差があるだろうか。私はそうは思わない。たとえば野球，テニス，水泳といった肩に大きなストレスがかかるスポーツのプログラムでは，オーバーヘッドリフティングなどの種目や回数を減らすといった考慮はするが，その他の要素ではほぼ同じだといえる。ストレングスはストレングスである。スポーツの特異性を深く考えるのであれば，ストレングスの向上に費やす時間量が重要なのであり，用いる方法ではない。特定のスポーツにしか意味をなさないようなストレングスやスピードを改善させる方法やプログラムはない。大切なのは相違性ではなく，類似性である。これがファンクショナルトレーニングの長所である。つまり使い物になるストレングスとスピードは，理にかなった方法でもって向上されるのである。

ストレングスプログラムは，次のような段取りである。すべてのプログラムはエクスプローシブ（爆発的）リフティングまたはオリンピックリフティングから始める。エクスプローシブリフティングでは爆発性を維持し，完璧なテクニックでトレーニングが続けてできるようにセット間のインターバルを3分とする。また，エクスプローシブリフティングは，他の種目と組み合わせては行わない。エクスプローシブリフティングの後にツーペアーエクササイズか，またはワンペアエクササイズと（3種類のエクササイズの）トリプルセットを行う。これらのエクササイズは1分間あるいは1分とセット間30秒のレストで行う。

スポーツの特異性におけるおもな違いはストレングストレーニングプログラムではなく，スポーツに合ったエネルギーシステムの改善プログラムにある。よってコンディショニングプログラムは，ストレングスプログラムよりもさらにスポーツの特異性に準じている必要がある。つまり，ストレングスプログラムはスポーツ全般に適用できるが，コンディショニングプログラムはそれぞれのスポーツあるいは似たようなスポーツの特異性にさらに準じていなければならないのである。

パフォーマンス向上と障害予防のためのコンディショニングプログラム

ファンクショナルスポーツコンディショニングは日々変化・発展しているが，スポーツ生理学を理解することによって，必要とするエネルギーシステムを的確に強調したプログラムをデザインできるようになる。多くのプログラムでは現在，適切な運動/休息比が用いられているが，スポーツコンディショニングの重要な構成要素である方向変換に対応したプログラムはあまりない。そしていま現在，発達させる必要のあるコンディショニング分野は筋特異性と動きの特異性である。ここで説明するプログラムはすべて，コンディショニングの構成要素の鍵である方向転換に対応している。またコンディショニングでは，加速と減速による筋出力の耐久性と加速と減速による付加的代謝的負荷への順応性こそが重要となる。選手がよく“ゲームのための身体になっていない”という理由はこれらの要素が欠けているからである。たいていの選手はスピードの強弱でもたらされる付加的ストレスをまったく考えずに，セットの時間や距離を中心としたランニングや，下手をすると自転車こぎでトレーニングしている。選手は所定のコンディショニングプログラムに指示通りに従っているにもかかわらず，トレーニングキャンプ中に頻繁に受傷する。これはだいたいの場合，コンディショニング調整の過程における重要な要素を無視したコンディショニングプログラムそのものが原因といえる。

その要素とは，

①加速

②減速

③方向転換

である。

そこで選手に加速と減速，そして方向転換のトレーニングをさせることで，シーズン初期に起こりがちな股関節やハムストリングスの障害を大幅に減らすことができ，試合や大会に向けてより良い準備ができるようになる。

また，コンディショニングプログラムは，次の分野において競技それぞれの特異性に準じていなければならない。

■時間

2章で競技分析の必要性を解説している。コンディショニングプログラムはコンディショニングテストでよい成績を出すためではなく，選手を各自のスポーツに向けて万全の状態にすることを目的としてデザインする。

■動き

コンディショニングプログラムには方向転換のトレーニングを組み込む。けがは加速時と減速時にもっともよく発生する。それは選手の調子が悪いからではなく，準備不足が原因である。1分間トラックの上をまっすぐ前に走ることと1分間のシャトルランでは，筋的にも代謝的にも大きく異なることは明らかであろう。

■運動パターン

コンディショニングにはスプリントの様式を取り入れる。すなわち，ストライドの形態はほぼスプリント走でなくてはならない。1マイル走（約1.6km走）は6分程度で走るが，40ヤード（36m）ダッシュに換算すると約8秒という速度になる。これでは，多くの選手がけがするための準備をしていると言ってもおかしくない。また，プレシーズンにもっともけがをしがちな股関節屈筋群とハムストリングスは，股関節をダイナミックに伸展・屈曲させてコンディショニングする必要がある。

■動きの強調

コンディショニングにおいても横方向への動きを意識する。そのため，ワークアウトには横方向への動きのトレーニング日を取り入れる。競技にかかわらず，週2回はスライドボードの上でコンディショニングを行うようにする。

●基礎の向上

私たちは基礎の向上において有酸素トレーニングを意図的に除外している。なぜならば，2章で述べたように，有酸素性能力は必要ではあるが，有酸素的基礎を過剰に追求することは非生産的だからである。コンディショニングプログラムは選手をスポーツができるコンディションにすることが目的である。無酸素的な要素が要求されるチームスポーツにおいて有酸素運動のような長く，定常状態の動きが中心のトレーニングによってコンディショニングレベルを上げようとしても，逆に細胞レベルでのネガティブな生理学的変化や筋短縮，可動域低下，オーバーユースといった筋の能力低下につながりかねない。よって筋を正しくコンディショニングするために加速と減速のトレーニングが必要であり，そして筋はその競技で用いられる動きと同じような運動パターンで，かつトップスピードで動かされなくてはならない。

ここで，ある1つの疑問が生じる。それは，ジョギングなしでどうやって基礎を作り上げていくのか，である。逆に考えてみよう。30～40分のジョギングのかわりに軽めのテンポランからはじめ，徐々にテンポとスピード，そして時間を上げていく。最初は10分程度で，ただしその前に20分間の動的ウォームアップをする。動的柔軟性と正しい運動パターンを意識しながら心拍数を上昇させ，最終的に30分間の運動を行う。単純な30分間のジョギングで得られる有酸素的基礎と比較してみると，どちらがよいかわかるだろう。

テンポランはスプリントやジョギングとは異なる。むしろストライド走とウォーキングが組み入れられた走りである。施設にもよるが，70～90mの距離をストライドで走り，ストライド走の後に30～40mほど歩く。徐々にテンポランを10から20へと増やしていき，同時に心拍数も上げていく。絶対にジョギングしてはならない。なぜならば元のショートストライドの運動パターンの状態に戻ってしまい，柔軟性の低下につながりやすいからである。

テンポランから加速，減速，方向転換を目的としたシャトルランへと変化させていく。始めは45mのコースでシャトルランを135m分行う。つまり方向転換を2回と加速と減速を3回行うことになる。

シャトルランでは筋へのストレスが増加するため，第1週では全走行距離を大幅に減らし（約900mのテンポランから，700mのシャトルランへ），負担を同じくらいにする。その後，シャトルランの走行距離を週ごとに10～20%（約135m）ずつ増やすか，あるいはコースの長さを45mから25mへと減らす。25mコースの導入によって1回で走る距離は減り，方向転換とスピードが変化する回数は2倍となるが，そのことによって増加する筋へのストレスを相殺することができる。

この方法によって，選手は次のことができるようになる。

1．筋の長さを適切に維持した状態での基礎作り
2．多くのスポーツで必要不可欠なストップとスタートに対応できるコンディショニング作り

テンポランとシャトルランはリニアデー（直線的な練習日）に行い，ラテラルデー（横方向への練習日）ではスライドボードを用いてトレーニングする。スライドボードは，すべてのスポーツにおいてコンディショニングに非常に有効な器具である。

●スライドボードによるコンディショニング

スライドボードは1980年代にスピードスケートのオリンピック選手であったEric Heiden（エリック・ハイデン）によってトレーニング器具として広められたものである。ボードはスライドボードやストライドボード，または側動ボードとして知られている。スピードスケート選手はスケートリンクが利用できない時，スケート特有のコンディショニングと技術を向上させるためにスライドボードを長年使ってきた。しかし他のスポーツの選手は，オフシーズンやプレシーズンのトレーニングにスライドボードが非常に有効であると気づくのが遅かった。今ではスライドボードは進化を遂げ，さまざまなスポーツのあらゆるレベルに対応できるようになった。現在では長さを2～7mに調節できる，耐久性のあるボードが市販されている。

スライドボードは他の器具よりも，もっとも有効であろう。なぜならば，他の器具では次の

ようなことはできないからである。

- ■各スポーツに特有の姿勢で行うこと
- ■障害予防のために股関節内転，外転筋群によい刺激を与えること
- ■1つの器具で3～4人の選手をトレーニングさせること
- ■6万円以下の器具で，かつ各選手に合わせて（たとえば座席の高さ等）調節しなくてもトレーニングができること

どのスポーツでも関係なくすべての選手（ただしボート選手は除く）は週に2～3回，横方向への動きのコンディショニングを行うようにする。またスライドボードは費用対効果が高く，実際のランニング以外で利用できるため，非常に優れているといえる。

スライドボードは，アイスホッケーのトレーニングではもっとも重要である。スライドボードが開発されるまで，アイスホッケー選手はオフシーズンのトレーニングを自転車や陸上のトラック上で行っていた。ランニングや自転車こぎでも有酸素能力や無酸素性持久力を向上させることはできるが，スケートの動きからは少し外れていた。そこでスライドボードによって無理や余計なストレスを与えることなくアイスホッケー特有のトレーニングをすることが可能となった。その上，スケートの技術を上達させることができる。選手は大きな鏡の前にボードを置き，トレーニング中に鏡に映った自分のフォーム（膝の屈曲・伸展，足関節の伸展など）を見て，自分で訂正することが簡単にできるようになったからである。

また，スライドボードはプレシーズンに起こりがちな股関節障害の可能性を大幅に減少させている。なぜなら，スライドボードでの動きは既存の自転車やクライマーでは使われない股関節外転・内転筋，そして股関節屈曲筋群を強化でき，さらにあらゆる方向転換やスピードスケートで用いられる直線的な側方への動きの練習も可能である。そこでプライオメトリックスとスプリントの要素を組み合わせると，スライドボードはスピードトレーニングにおける主要な器具となるだろう。

スライドボードとウエイトベストを組み合わせることにより，アイスホッケーとアメリカンフットボールに関してはよりいっそう，そのスポーツ特有のトレーニングが可能になる。コンディショニングの過程において付加的なウエイトが必要なのは，アイスホッケーとアメリカンフットボールだけである。アイスホッケーとアメリカンフットボールの防具の重さに慣れさせるため，私たちの施設では夏期のコンディショニングプログラムの後半に選手に4.5kgのウエイトベルトをつけてスライドボードでのトレーニングを行わせる。防具による影響を軽視しているコーチも中にはいるが，もし選手が4.5kgのウエイトベストまたはベルトをつけた状態で1マイル（1.6km）走のテストをし，その3～4日後に再テストするとすれば，その結果がどう変わるか考えてみるとわかる。防具の重さというのは非常に重要な要素であり，それを考慮してプログラムをデザインしなければならな

い。アイスホッケーやアメリカンフットボールのようなスポーツのコンディショニングで，ウエイトをつけずに行うのは愚かだといえる。

アメリカンフットボール選手には週1回，防具の重さと同等のウエイトベストを着用させてランニングさせる。結果的に私たちの施設のアメリカンフットボール選手は，夏期トレーニングの後半は週2回ウエイトベストを着用してのスライドボードでのトレーニングと週1回ウエイトベストを着用してのランニングを行った。これにより，防具の重さに対する準備ができるのである。

また，すべてのサッカーコーチはどうすれば最高のサッカー選手を作り出すことができるかを考えるべきである。ほとんどのサッカー選手，とくに若くて成長段階にある選手にとって有酸素運動は逆効果となる。サッカー選手はスピードを犠牲にしてまで，フィットネスに集中することで有名である。トップ選手であれば間違った方法ではないかもしれないが，忘れてはならないのは，トップ選手はすでに世界レベルのスピードと技術を兼ね備えていることである。若い選手にはスピードよりもフィットネスだという方法は間違いであり，非生産的だといえる。

本書にある知識によって，サッカー選手やコーチはスピードと方向転換といった重要なスキルをほぼ完璧ではなく，完璧な状態にできるだろう。サッカー選手はジョギングではなく，テンポランやシャトルランによってフィットネスを向上させることが必要である。すばらしいサッカー選手を育てる上で，重要なことはスプリンターを育てることであり，マラソン選手を育てることではない。

コーチは，トレーニングとはコンディショニングテストではないということを理解すべきである。

コンディショニングプログラムの例

表12.1のプログラム例は，サッカーやアイスホッケー，フィールドホッケー，ラクロスなど間欠的なスポーツを対象としている。1日目と3日目は横方向への動きを強調し，スライドボードによるインターバル運動を行い，2日目と4日目は縦方向への動きを強調し，テンポランやシャトルランを行う。また表12.2ではアメリカンフットボール用のスリーデイプログラム例を紹介している。

コンディショニングプログラムはすべてテンポランから始める。テンポランはストライド走とウォーキングの混合からなる。目標はジョギングに頼らずに心拍数を上げ，基礎を作り上げることである。ジョギングは活発な股関節伸展の動きがなく，またテンポランによって得られるスプリントの運動パターンに対応していない。よって，コンディショニングの方法として勧められないのである。コンディショニングでは筋と循環系機能の両方を調整しようとしていることを忘れないでもらいたい。

リニアデー（2日目と4日目）には3つの選択肢（外で走ること，トレッドミルで走ること，エアロバイクを漕ぐこと）が用意されている。ただし，エアロバイクの使用はけが人のみであ

表 12.1 間欠的なスポーツを対象としたコンディショニングプログラム例（例：ラクロス，フィールドホッケー，アイスホッケー，サッカーなど）

	モード	距離あるいはセット数	運動時間	レスト	トレッドミル	スピード（傾斜）	レスト	バイク/自転車	Airdyneレベル 男性	Airdyneレベル 女性	レスト
Week 1											
Day 1	スライドボード	5×	0:30	1:30							
Day 2	テンポラン	10×100m	0:18-0:20	0:40	10×0:15	16km/h（2%）	0:45	10×0:15	12	10	0:45
Day 3	スライドボード	5×	0:30	1:30							
Day 4	テンポラン	12×100m	0:18-0:20	0:40	12×0:15	16km/h（2%）	0:45	12×0:15	12	10	0:45
Week 2											
Day 1	スライドボード	6×	0:30	1:30							
Day 2	テンポラン	14×100m	0:18-0:20	0:40	14×0:15	17.6km/h（2%）	0:45	14×0:15	12	10	0:45
Day 3	バイク	8kmトライアル									
Day 4	テンポラン	15×100m	0:18-0:20	0:40	15×0:15	17.6km/h（2%）	0:45	15×0:15	12	10	0:45
Week 3											
Day 1	スライドボード	7×	0:30	1:30							
Day 2	10/10ランテスト*					16km/h（10%）					
Day 3	スライドボード	7×	0:30	1:30							
Day 4	シャトルラン	5×140m	0:25	1:35	6×0:30	17.6km/h（0%）	1:30	6×0:45	10	8	1:15
Week 4											
Day 1	スライドボード	8×	0:30	1:30							
Day 2	ディスタンス走	4km	20:00					16km	L4-7	L4-7	30:00
Day 3	スライドボード	8×	0:30	1:30							
Day 4	インターバル走	1×300m	0:45	1:15	1×0:45	17.6km/h（2%）	1:30	2×0:45	10	9	1:15
		2×200m	0:35	1:25	2×0:30	20km/h（2%）	1:30	4×0:30	12	10	1:30
		6×100m	0:18	0:45	6×0:15	21.6km/h（2%）	0:45	6×0:15	15	12	0:45
Week 5											
Day 1	スライドボード	6×	0:30	1:00							
Day 2	シャトルラン	6×140m	0:25	1:35	7×0:30	17.6km/h（0%）	1:30	7×0:45	10	8	1:15
Day 3	バイク	10kmタイムトライアル									
Day 4	ディスタンス走	4.5km	22:00					19.2km	L4-7	L4-7	36:00

＊10/10ランテストは10%の傾斜で時速10マイル（16km）のランニングが維持できなくなる直前で走るテスト

	モード	距離あるいはセット数	運動時間	レスト	トレッドミル	スピード（傾斜）	レスト	バイク/自転車	Airdyneレベル 男性	女性	レスト
Week 6											
Day 1	スライドボード	7×	0:30	1:00							
Day 2	インターバル走	1×300m	0:45	1:15	1×0:45	17.6km/h （2%）	1:30	2×0:45	10	8	1:15
		3×200m	0:35	1:25	3×0:30	20km/h （2%）	1:30	6×0:30	12	10	1:30
		5×100m	0:18	0:45	5×0:15	21.6km/h （2%）	0:45	6×0:15	15	12	0:45
Day 3	スライドボード	7×	0:30	1:00							
Day 4	シャトルラン	7×140m	0:25	1:35	8×0:30	18.4km/h （0%）	1:00	8×0:45	10	8	1:15
Week 7											
Day 1	スライドボード	8×	0:30	1:00							
Day 2	ディスタンス走	4.8km	24:00					22.4km	L4-7	L4-7	42:00
Day 3	スライドボード	8×	0:30	1:00							
Day 4	インターバル走	2×300m	0:45	1:15	2×0:45	18.4km/h （2%）	1:30	2×0:45	10	8	1:15
		3×200m	0:35	1:25	3×0:30	20.8km/h （2%）	1:30	6×0:30	12	10	1:30
		3×100m	0:18	0:45	3×0:15	22.4km/h （2%）	0:45	8×0:15	15	12	0:45
Week 8											
Day 1	スライドボード	9×	0:30	1:00							
Day 2	シャトルラン	1×270m	1:05	2:00	1×1:00	16.8km/h （2%）	1:00	4×800m	10	8	3:00
		6×140m	0:25	1:35	6×0:30	18.4km/h （2%）	1:30				
Day 3	バイク	16kmタイムトライアル									
Day 4	ディスタンス走	6.4km	30：00					24km	L4-7	L4-7	45:00
Week 9											
Day 1	スライドボード	10×	0:30	1:00							
Day 2	インターバル走	4×200m	0:35	1:25	4×0:30	20km/h （2%）	1:00	3×0:45	10	8	1:15
		8×100m	0:18	0:45	8×0:15	21.6km/h （2%）	0:45	6×0:30	12	10	1:30
								5×0:15	15	12	0:45
Day 3	スライドボード	10×	0:30	1:00							
Day 4	シャトルラン	2×270m	1:05	2:00	2×1:00	16.8km/h （2%）	1:00	5×800m	8	3:00	
		5×140m	0:25	1:35	5×0:30	18.4km/h （2%）	1:00				

	モード	距離あるいはセット数	運動時間	レスト	トレッドミル	スピード（傾斜）	レスト	バイク/自転車	Airdyneレベル 男性	女性	レスト
Week 10											
Day 1	スライドボード	7×4.5kg負荷	0:30	1:00							
Day 2	ディスタンス走	6.4km	30：00					24km	L4-7	L4-7	43:00
Day 3	10/10ランテスト*					16km/h（10%）					
Day 4		5×220	0:35	1:25	5×0:30	20km/h（2%）	1:00	3×0:45	10	8	1:15
		7×110	0:18	0:45	7×0:15	21.6km/h（2%）	0:45	7×0:30	12	10	1:30
								5×0:15	15	12	0:45
Week 11											
Day 1	スライドボード	8×4.5kg負荷	0:30	1:00							
Day 2	シャトルラン	3×270m	1:05	2:00	3×1:00	16.8km/h（2%）	1:00	2×1.6km	9	7	5:00
		4×140m	0:25	1:35	4×0:30	17.3km/h（2%）	1:00	1×800m	10	8	
Day 3	バイク	16kmタイムトライアル									
Day 4	ディスタンス走	6.4km	30：00					24km	L4-7	L4-7	42:00
Week 12											
Day 1	スライドボード	8×4.5kg負荷	0:30	1:00							
Day 2	インターバル走	5×200m	0:35	1:25	5×0:30	20km/h（2%）	1:00	3×0:45	10	8	1:15
		8×100m	0:18	0:45	8×0:15	21.6km/h（2%）	0:45	7×0:30	12	10	1:30
								7×0:15	15	12	0:45
Day 3	スライドボード	8×4.5kg負荷	0:30	1:00							
Day 4	シャトルラン	4×270m	1:05	2:00	3×1:00	16km/h（2%）	1:00	2×1.6km	9	7	5:00
		3×140m	0:25	1:35	5×0:30	17.6km/h（2%）	1:00	2×800m	10	8	3:00

表 12.2 アメリカンフットボールを対象としたコンディショニングプログラム例

	全ポジション	ライン	スキル	レスト
Week 1				
月曜日	テンポラン：ストライド走100ヤード，エンドゾーン歩き（×8）			
	全行程8分以内で，またエンドゾーン歩きをレストとする			
火曜日	20ヤードシャトルラン ×3	60ヤードシャトルラン×6（0:15）	60ヤードシャトルラン×6（0:13）	0:45
	ランの後にスライドボード　6セット×0:15-0:45			
木曜日	テンポラン：ストライド走100ヤード，エンドゾーン歩き（×8）（8分以内）			
金曜日	スライドボード　6×0:15-0:45			
Week 2				
月曜日	テンポラン：ストライド走100ヤード，エンドゾーン歩き（×10）（10分以内）			
火曜日	20ヤードシャトルラン ×3	60ヤードシャトルラン×7（0:15）	60ヤードシャトルラン×7（0:13）	0:45
	ランの後にスライドボード　7セット×0:15-0:45			
木曜日	テンポラン：ストライド走100ヤード，エンドゾーン歩き（×10）（10分以内）			
金曜日	スライドボード　8×0:15-0:45			
Week 3				
月曜日	テンポラン：ストライド走100ヤード，エンドゾーン歩き（×12）（12分以内）			
火曜日	20ヤードシャトルラン ×3	60ヤードシャトルラン×8（0:15）	60ヤードシャトルラン×8（0:13）	0:45
	ランの後にスライドボード　8×0:15-0:45			
木曜日	テンポラン：ストライド走100ヤード，エンドゾーン歩き（×12）（12分以内）			
金曜日	スライドボード　10セット×0:15-0:45			
Week 4				
月曜日		12×55（9秒）	12×55（7.5秒）	
火曜日	20ヤードシャトルラン ×3	60ヤードシャトルラン×9（0:15）	60ヤードシャトルラン×9（0:13）	0:45
	ランの後にスライドボード　9セット×0:15-0:45			
木曜日	テンポラン：ストライド走100ヤード，エンドゾーン歩き（×12）（12分以内）			
金曜日	スライドボード　10セット×0:15-0:45			
Week 5				
月曜日		14×55（9秒）	14×55（7.5秒）	
火曜日	20ヤードシャトルラン ×3	60ヤードシャトルラン×10（0:15）	60ヤードシャトルラン×10（0:13）	0:45
	ランの後にスライドボード　8×0:15-0:45			
木曜日	150ヤードシャトルラン　×5（ライン 0.33）（スキル 0:30）			
	50ヤードコース			
金曜日	スライドボード　11セット×0:15-0:45			
Week 6				
月曜日		16×55（9秒）	16×55（7.5秒）	
火曜日	20ヤードシャトルラン ×4	60ヤードシャトルラン×11（0:15）	60ヤードシャトルラン×11（0:13）	0:45
	ランの後にスライドボード　8×0:15-0:45			
木曜日	150ヤードシャトルラン　×5（ライン 0.35）（スキル 0:30）			
	25ヤードコース			
金曜日	スライドボード　11セット×0:15-0:45			

	全ポジション	ライン	スキル	レスト
Week 7				
月曜日		18×55（9秒）	18×55（7.5秒）	
火曜日	20ヤードシャトルラン ×5	60ヤードシャトルラン×12（0:15）	60ヤードシャトルラン×12（0:13）	0:45
	ランの後にスライドボード　12×0:15-0:45			
木曜日	150ヤードシャトルラン　×6（ライン0.33）（スキル 0:30）			
	50ヤードコース			
金曜日	スライドボード　12×0:15-0:45			
Week 8　軽めのリフティング週間，木曜日は軽いラン				
月曜日		14×55（9秒）	14×55（7.5秒）	
火曜日	20ヤードシャトルラン ×3	60ヤードシャトルラン×8（0:15）	60ヤードシャトルラン×8（0:13）	0:45
	ランの後にスライドボード　8×0:15-0:45			
木曜日	テンポラン：ストライド走100ヤード，エンドゾーン歩き（×8）			
金曜日	スライドボード　10セット×0:15-0:45			
Week 9				
月曜日		18×55（9秒）	18×55（7.5秒）	
火曜日	20ヤードシャトルラン ×3	60ヤードシャトルラン×12（0:15）	60ヤードシャトルラン×12（0:13）	0:45
	ランの後にスライドボード　12×0:15-0:45			
木曜日	150ヤードシャトルラン　×6（ライン0.33）（スキル 0:30）			
	25ヤードコース			
金曜日	スライドボード　12×0:15-0:45			
Week 10				
月曜日		20×55（9秒）	20×55　（7.5秒）	
火曜日	20ヤードシャトルラン ×3	60ヤードシャトルラン×12（0:15）	60ヤードシャトルラン×12（0:13）	0:45
	ランの後にスライドボード　12×0:15-0:45			
木曜日	150ヤードシャトルラン　×7（ライン0.33）（スキル 0:30）			
	50ヤードコース			
金曜日	スライドボード　14×0:15-0:45			
Week 11				
月曜日		22×55（9秒）	22×55（7.5秒）	
火曜日	20ヤードシャトルラン ×3	60ヤードシャトルラン×14（0:15）	60ヤードシャトルラン×14（0:13）	0:45
	ランの後にスライドボード　12×0:15-0:45			
木曜日	150ヤードシャトルラン　×7（ライン0.33）（スキル 0:30）			
	25ヤードコース			
金曜日	スライドボード　15×0:15-0:45			
Week 12				
月曜日		20×55（9秒）	20×55（7.5秒）	
火曜日	20ヤードシャトルラン ×3	60ヤードシャトルラン×12（0:15）	60ヤードシャトルラン×12（0:13）	0:45
	ランの後にスライドボード　12×0:15-0:45			
木曜日	テンポラン：ストライド走100ヤード，エンドゾーン歩き（×12）			
金曜日	オフ			

10ヤード＝9.1メートル

り，けがをしていない人には勧めてはいけない。また，シャトルランは方向転換のトレーニングとして，25mあるいは45m間隔の距離を走る。スポーツは相違点よりも類似点の方がはるかに多い。明らかに違う点があるにしても，加速と減速，そして方向転換の技術はどのスポーツにも共通の要素である。

あなたがアメリカンフットボール選手でも，またはフィギュアスケートの選手であろうとも，これらの技術は非常に重要な要素である。障害の発生を減らしながらコンディショニングを向上させるには，加速，減速，方向転換をコンディショニングプログラムにうまく組み込まなくてはならない。そして，スライドボードとウエイトベストに関しては，固定概念から抜け出して考えなければならない。これらはまだ浸透していない器具であるが，スポーツ特異的であり，とくに各スポーツの動きに特有であるコンディショニングプログラムの作成に役立つものである。

パフォーマンス向上のプログラム例

スポーツ全般向けのプログラムの概念を守るため，プログラムを各スポーツごとに示すことはしないで，むしろある種のスポーツにおける特徴に焦点を合わせている。

たとえば野球やテニス，水泳などのプログラムでは頭上でのエクササイズを減らし，スポーツそのものですでに十分にストレスのかかっている肩のローテーターカフへ，さらに余計なストレスがかからないようにする。また，サッカーのような絶対的な筋力を必要としないスポーツではリフティングを週２日（ツーデイ）または週３日（スリーデイ），一方アメリカンフットボールでは週４日（フォーデイ）としたプログラムを用いる。

●ツーデイプログラム　Two-Day Programs

ツーデイプログラムのデザインはもっとも難しい。ツーデイプログラムは一般的にシーズン中か，または絶対的筋力を多く必要としないスポーツに適用されるが，シーズン中のトレーニングとして用いることを推奨する。オフシーズン中はどのようなスポーツでもストレングストレーニングは最低週３日必要である。忘れないでほしいのは，どのようなプログラムでも徹底したダイナミックウォームアップと最低12～15分の体幹トレーニングから始める。そして，ストレングストレーニングの前後に12～20分のコンディショニングを行うようにする。よって，それぞれのトレーニングセッションは90～120分の中でウォームアップ，体幹トレーニング，ストレングストレーニング，そしてトレーニング後のストレッチを割り当てる。

ツーデイプログラムで難しいことは，たった２回のセッションで10個の必須分野をすべてトレーニングしなければならないことである。したがって，ツーデイプログラムでは妥協することも必要である。次に示したのが，ストレングスにおける10個の必須分野である。

1. 膝関節優位でのヒップ／レッグプッシュエクササイズ：一般的にスクワット（6章参照）
2. シングルレッグでの膝関節優位ヒップ／レッグプッシュエクササイズ：ワンレッグスクワットやそのバリエーション（6章参照）
3. ストレートレッグ・ヒップエクステンション：ストレートレッグ・デッドリフト，モディファイドストレートレッグ・デッドリフト，ハイパーエクステンション，シングルレッグでのバリエーションなど（7章参照）
4. ベントレッグヒップエクステンション：ヒップリフトのバリエーションとスタビリティボールでのヒップエクステンション（7章参照）
5. 体幹トレーニング：コアトレーニングや腹筋運動とも呼ばれている（8章参照）
6. 仰臥位でのプレス：ベンチプレスなど（9章参照）
7. オーバーヘッドプレス：ダンベルまたはバーによるミリタリープレスなど（9章参照）
8. ホリゾンタルプル：ローイングなど（9章参照）
9. バーティカルプル：チンアップやそのバリエーション（9章参照）
10. エクスプローシブなパワー向上エクササイズ：だいたいがオリンピックリフティングだが，プライオメトリックスやジャンプスクワットでも代用可（10，11章参照）

ある特定の構成要素に偏らず，すべてを過不足なく強調してこれらのカテゴリーを組み合わせることが，ファンクショナルトレーニングプログラムを適切にデザインする上で重要となる。週2日のトレーニングでは，クリーンとフロントスクワットを組み合わせたり，あるいはクリーンとプッシュジャークを組み合わせたりとオリンピックリフティングの動作を組み合わせることで，1つのエクササイズで2つの分野(エクスプローシブパワーとヒップ&レッグプッシュ，またはエクスプローシブパワーとオーバーヘッドプレス）のエクササイズができる。加えて，インクラインプレスはスーパインプレスとオーバーヘッドプレスを組み合わせたエクササイズとして使える。バーティカル&ホリゾンタルプルでは，チンアップの動きにローイング型の動きを組み合わせたスターナムチンアップや，Vグリップでのチンアップに挑戦してみるとよい。表12.3，12.4，12.5はツーデイプログラムのガイドラインと例である。

表 12.3　ツーデイリフティングトレーニング例

Day 1 エクスプローシブ/オリンピック	Day 2 エクスプローシブ/オリンピック
Pair 1	
ヒップ/レッグプッシュ スパインプレス（胸部の強化）	片足でのヒップ/レッグプッシュ ハイインクラインプレス（三角筋の強化）
Pair 2	
プルアップ/チンアップ ベントレッグヒップエクステンション	ローイング ストレートレッグヒップエクステンション

表 12.4　ツーデイプログラム例（野球，水泳，テニスを除く全てのスポーツ対象）　（単位：kg）

名前	ベンチ	スクワット	クリーン	体重	プルアップ
John Doe	130.0	168.0	136.0	91.0	9.0

Day 1	テンポ	レスト	Week 1	Week 2	Week 3
ウォームアップ，腹筋					
スナッチ	エクスプローシブ	3分	60.0×5	60.0×5	60.0×5
			65.0×5	65.0×5	65.0×5
			65.0×5	68.0×5	71.5×5
			65.0×5	65.0×5	65.0×5
チンアップ	2/0/2	1分	自体重×10	4.5×10	7.0×10
			自体重×10	4.5×10	7.0×10
			自体重×10	4.5×10	7.0×10
組み合わせ フロントスクワット	2/0/Exp		82.5×10	82.5×10	82.5×10
			85.0×10	88.5×10	92.5×10
			80.0×10	85.0×10	87.5×10
パラレルグリップダンベルベンチ	2/0/2	1分	42.5×10	43.5×10	45.0×10
			42.5×10	43.5×10	45.0×10
			42.5×10	43.5×10	45.0×10
組み合わせ ワンレッグSLDL	2/0/2		10.0×10	12.0×10	13.5×10
			10.0×10	12.0×10	13.5×10
			10.0×10	12.0×10	13.5×10

Day 2	テンポ	レスト	Week 1	Week 2	Week 3
ウォームアップ，腹筋					
クリーン	エクスプローシブ	3分	95.0×5	95.0×5	102.0×5
			105.0×5	105.0×5	110.0×5
			105.0×5	110.0×5	113.5×5
			105.0×5	105.0×5	110.0×5
スターナムチンアップ	2/0/2	1分	自体重×10	4.5×10	7.0×10
			自体重×10	4.5×10	7.0×10
			自体重×10	4.5×10	7.0×10
組み合わせ バランスボードフロントスクワット			82.5×10	82.5×10	82.5×10
			82.5×10	90.0×10	92.5×10
			82.5×10	82.5×10	82.5×10
ベンチ （3回下ろして1秒止める）	3/1/Exp	1分	92.5×10	92.5×10	92.5×10
			95.5×10	98.5×10	100.0×10
			95.5×10	95.5×10	98.5×10
			95.0×10	92.5×10	95.5×10
組み合わせ ボールレッグカール	2/0/2		×8	×10	×12
			×8	×10	×12
			×8	×10	×12

注：表記してあるすべての運動はspreadsheetsのコピーである。
　John Doeのマックス値はベンチ，スクワットなどのマックス値を計算するための仮のデータである。
　このチャートを使う時は，左から右へと見る。

Exp：エクスプローシブ

表 12.5 ツーデイプログラム例（野球，水泳，テニス） （単位：kg）

Name	ベンチ	スクワット	クリーン	体重	プルアップ
John Doe	130.0	168.0	125.0	91.0	9.0

Day 1	テンポ	レスト	Week 1	Week 2	Week 3
ウォームアップ，腹筋					
ライトクリーン	エクスプローシブ	3分	60.0×5	60.0×5	60.0×5
			82.5×5	86.5×5	82.5×5
			82.5×5	82.5×5	88.5×5
			80.0×5	80.0×5	82.5×5
チンアップ	2/0/2	1分	自体重 × 10	4.5×10	7.0×10
			自体重 × 10	4.5×10	7.0×10
			自体重 × 10	4.5×10	7.0×10
組み合わせ フロントスクワット	2/0/Exp		82.5×10	82.5×10	82.5×10
			86.5×10	88.5×10	92.5×10
			80.0×10	86.5×10	88.5×10
パラレルグリップダンベルベンチ	2/0/2	1分	42.5×10	43.5×10	45.0×10
			42.5×10	43.5×10	45.0×10
			42.5×10	43.5×10	45.0×10
組み合わせ ワンレッグSLDL	2/0/2		10.0×10	12.0×10	13.5×10
			10.0×10	12.0×10	13.5×10
			10.0×10	12.0×10	13.5×10
Day 2	**テンポ**	**レスト**	**Week 1**	**Week 2**	**Week 3**
ウォームアップ，腹筋					
クリーン	エクスプローシブ	4分	95.0×5	95.0×5	102.0×5
			105.0×5	105.0×5	110.0×5
			105.0×5	110.0×5	113.5×5
			105.0×5	105.0×5	110.0×5
スターナムチンアップ	エクスプローシブ	1分	自体重 × 10	4.5×10	7.0×10
			自体重 × 10	4.5×10	7.0×10
			自体重 × 10	4.5×10	7.0×10
組み合わせ バランスボードフロントスクワット	エクスプローシブ		82.5×10	82.5×10	82.5×10
			82.5×10	90.0×10	92.5×10
			82.5×10	82.5×10	82.5×10
ベンチ （3回下ろして1秒止める）	3/1/Exp		92.5×10	92.5×10	92.5×10
			95.5×10	98.5×10	100.0×10
			95.5×10	95.5×10	98.5×10
			95.0×10	92.5×10	95.5×10
組み合わせ ボールレッグカール	2/0/2		×8	×10	×12
			×8	×10	×12
			×8	×10	×12

このプログラムと表12.4のプログラムとの違いは爆発的なオーバーヘッドでのリフトが除外されていることである。
Exp：エクスプローシブ

●スリーデイプログラム　Three-Day Programs

スリーデイプログラムはツーデイプログラムに比べてトレーニング時間が50%も増えるため，デザインしやすい。週3日はオフシーズンのトレーニングプログラムでは最低限必要な時間である。

ただし，絶対的筋力がそこまで必要ではない選手や練習自体で長時間トレーニングし，スリーデイプログラムに従うのは難しいと思われるフィギュアスケートや器械体操，水泳などの選手は除外する。

多くのチームスポーツでは3日間がトレーニングの最低日数だと考えられる。

また，スリーデイプログラムは10個の重要な構成要素のバランスを取りやすいが，多少の妥協は余儀なくされる。たとえば，チンアップは週に2回できるが，ローイングは週1回しかできないといった可能性がある。このプログラムで毎回エクスプローシブなエクササイズから始め，その後プライマリーペア，トリプルセットへと進める。

表 12.6　スリーデイ エクスプローシブ/オリンピック リフティングトレーニング例

Day 1 エクスプローシブ/オリンピック	Day 2 エクスプローシブ/オリンピック	Day 3 エクスプローシブ/オリンピック
Pair ヒップ/レッグプッシュ スパインプレス	インクラインプレス 片足でのヒップ/レッグプッシュ	ヒップ/レッグプッシュ インクラインプレス （スパインプレス＋オーバーヘッドプレス）
Tri set 片足でのヒップ/レッグプッシュ オーバーヘッドプレス 垂直方向へのプル （プルアップ/チンアップ）	オーバーヘッドプレス ヒップエクステンション （ベントレッグ） 水平方向へのプル（ローイング）	ヒップエクステンション 水平または垂直方向へのプル （ローイングまたはチンアップ） 片足でのヒップ/レッグプッシュ

表 12.7　スリーデイプログラム例　（単位：kg）

名前	ベンチ	スクワット	クリーン	体重	プルアップ
John Doe	90.0	80.0	86.0	78.5	6.0

Day 1	テンポ	レスト	Week 1	Week 2	Week 3
ウォームアップ，腹筋					
クリーン	エクスプローシブ	4分	65.0×5	65.0×5	65.0×5
			65.0×5	65.0×5	65.0×5
			65.0×5	65.0×5	65.0×5
チンアップ	2/0/2	1分30秒	自体重×8	自体重×8	自体重×8
			3.0×8	6.0×8	7.5×8
			3.0×8	3.0×8	6.0×8
組み合わせ フロントボックススクワット	2/0/Exp		自体重×8	自体重×8	自体重×8
			自体重×8	自体重×8	自体重×8
				自体重×8	自体重×8
ダンベルインクライン トライセット	2/0/2	1分	21.0×8	22.0×8	23.0×8
			21.0×8	22.0×8	23.0×8
				22.0×8	23.0×8
ハイパーエクステンション	2/0/Exp		×10	×15	×20
			×10	×15	×20
				×15	×20
と オーバーヘッドスプリットスクワット と一緒に			×8	×10	×12
			×8	×10	×12
				×10	×12
Day 2	**テンポ**	**レスト**	**Week 1**	**Week 2**	**Week 3**
ウォームアップ，腹筋					
ダンベルスナッチ （片手で投げる）	エクスプローシブ	4分	22.0×5	22.0×5	22.0×5
			22.0×5	23.0×5	23.0×5
			22.0×5	23.0×5	23.0×5
ベンチ （3回下ろして1秒止める）	2/0/Exp	1分30秒	53.0×8	53.0×8	53.0×8
			64.0×8	66.5×8	66.5×8
			62.0×8	62.0×8	62.0×8
組み合わせ ワンレッグベンチスクワット あるいはスプリットスクワット	2/0/2		×8	×8	×8
			×8	×8	×8
				×8	×8
ダンベルロー トライセット	2/0/Exp	1分	×8	×8	×8
			×8	×8	×8
				×8	×8
ストレートレッグデッドリフト	2/0/2		×8	×10	×10
			×8	×10	×10
				×10	×10
と オルタネイトダンベルプレス と一緒に	2/0/2		×8	×8	×8
			×8	×8	×8
				×8	×8

Exp：エクスプローシブ

Day3	テンポ	レスト	Week1	Week2	Week3
ウォームアップ，腹筋					
ハイハングクリーン	エクスプローシブ	4分	65.0×5	65.0×5	65.0×5
			65.0×5	65.0×5	65.0×5
			65.0×5	65.0×5	65.0×5
チンアップ	2/0/Exp	1分30秒	自体重×8	自体重×8	自体重×8
			自体重×8	自体重×8	自体重×8
				自体重×8	自体重×8
組み合わせ フロントボックススクワット			自体重×8	自体重×8	自体重×8
			自体重×8	自体重×8	自体重×8
				自体重×8	自体重×8
オーバーヘッドスプリットスクワット トライセット	2/0/Exp		×8	×10	×12
			×8	×10	×12
				×10	×12
プッシュアップ/スカプラプッシュアップ	2/0/2		8＋8	×10	×12
			8＋8	×10	×12
				×10	×12
と ローラーを用いたボールヒップ と一緒に	2/0/2		×8	×10	×12
			×8	×10	×12
				×10	×12

Exp：エクスプローシブ

●フォーデイプログラム　Four-Day Programs

フォーデイプログラムはオフシーズントレーニングとして多くのスポーツに適用されており，ストレングスの向上とスピード，コンディショニングに必要なすべての要素を組み合わせてトレーニングすることができる。また，ツーデイやスリーデイプログラムではできなかった体幹トレーニングやリハビリテーション，さらにはリハビリテーション前のエクササイズを取り入れることが可能である。

ウエイトを使った体幹トレーニングや特殊な器具であるケーブルコラムやハイパーベンチなどを使ったトレーニングをリフティング前の代わりのエクササイズとして行うことができる。

表12.8のフォーデイプログラムでは毎回下肢のトレーニングがあるが，1日ごとに膝関節優位，股関節優位のエクササイズといったように強調する部位は異なる。

（ランジやステップアップなどはハムストリングスのエクササイズとして知られているが，ここでは膝関節伸展と股関節伸転を組み合わせるためヒップ／レッグプッシュエクササイズを取り上げている。）

表 12.8 フォーデイ・エクスプローシブ/オリンピック・リフティングトレーニング例

Day 1 エクスプローシブ/オリンピック	Day 2 エクスプローシブ/オリンピック	Day 3 エクスプローシブ/オリンピック	Day4 エクスプローシブ/オリンピック
組み合わせ ヒップ/レッグプッシュ 垂直方向へのプル (プルアップ/チンアップ)	スパインプレス ストレートレッグヒップエクステンション	ヒップ/レッグプッシュ 垂直方向へのプル (プルアップ/チンアップ)	インクラインプレス ストレートレッグヒップエクステンション
トライセット 片足でのヒップ/レッグプッシュ 水平方向へのプル(ローイング) チョップリフトOBO	オーバーヘッドプレス(肩) ベントレッグヒップエクステンション 肩のサーキット	片足でのヒップ/レッグプッシュ 水平方向へのプル(ローイング) チョップリフトOBO	オーバーヘッドプレス(肩) ベントレッグヒップエクステンション 肩のサーキット

OBO＝オフベンチオブリーク

表 12.9 フォーデイプログラム例

(単位：kg)

名前	ベンチ	スクワット	クリーン	体重	プルアップ
John Doe	48.0	45.0	40.0	61.0	2.5

Day 1	テンポ	レスト	Week 1	Week 2	Week 3
ウォームアップ, 腹筋					
ダンベルスナッチ	エクスプローシブ	4分	9.5×5	10.0×5	10.5×5
			9.5×5	10.0×5	10.5×5
			9.5×5	10.0×5	10.5×5
				10.0×5	10.5×5
30cmチンアップ	2/0/2	1分	自体重×8	自体重×8	自体重×8
			1.5×8	2.0×8	2.5×8
				1.5×8	2.0×8
			自体重×10	1.5×8	1.5×8
組み合わせ フロントボックススクワット	2/0/Exp	1分	27.5×8	27.5×8	27.5×8
			33.0×8	34.0×8	35.5×max
				33.0×8	34.0×8
					33.0×8
ダンベルロー トライセット	2/0/2	1分	×8	×8	×8
			×8	×8	×8
				×8	×8
スプリットスクワット	2/0/Exp	1分	11×8	13×8	14×8
			11×8	13×8	14×8
				13×8	14×8
と スタンディングリフト と一緒に			×10	×10	×10
			×10	×10	×10
				×10	×10

Exp：エクスプローシブ

Day 2	テンポ	レスト	Week 1	Week 2	Week 3
ウォームアップ, 腹筋					
クリーン	エクスプローシブ	4分	29.5×5	29.5×5	29.5×5
			30.0×5	31.0×5	31.0×5
			30.0×5	31.0×5	32.5×max
				30.0×5	31.0×5
ダンベルベンチ	2/0/Exp	1分	7.0×8	8.0×8	9.0×20
			7.0×8	8.0×8	
				8.0×8	
組み合わせ	2/0/2	1分	×8	×10	×12
ローラーを用いたボールヒップ			×8	×10	×12
エクステンション				×10	×12
負荷重でのディップ+スカプラディップ	2/0/Exp	1分	自体重×8+8	自体重×8+8	自体重×8+8
			自体重×8+8	8.5×8+8	10.5×8+8
				8.5×8+8	10.5×8+8
組み合わせ	2/0/2	1分	×8	×8	×8
ハマーカール(Hammer curl)			×8	×8	×8
				×8	×8
と			×10	×10	×10
スタンディングチョップ			×10	×10	×10
と一緒に				×10	×10
Day 3	**テンポ**	**レスト**	**Week 1**	**Week 2**	**Week 3**
ウォームアップ, 腹筋					
オルタネイトダンベルプッシュジャーク	エクスプローシブ	4分	10.5×5	11.0×5	11.5×5
			10.5×5	11.0×5	11.5×5
			10.5×5	11.0×5	11.5×5
				11.0×5	11.5×5
バランスボードスクワット	3/0/Exp	1分	20.0×8	20.5×8	21.0×8
			20.0×8	20.5×8	21.0×8
				20.5×8	21.0×8
組み合わせ	2/0/2	1分	自体重×8	自体重×8	自体重×8
パラレルグリップチンアップ			1.5×8	2.0×8	2.5×8
				1.0×8	2.0×8
				1.0×8	1.5×8
ラテラルスクワット トライセット	2/0/2	1分	10.0×8	11.0×8	12.0×8
			10.0×8	11.0×8	12.0×8
				11.0×8	12.0×8
アッパーバックダンベルロー	2/0/1	1分	×8	×8	×8
			×8	×8	×8
と			×10	×10	×10
スタンディングリフト			×10	×10	×10
と一緒に				×10	×10

Exp：エクスプローシブ

Day 4	テンポ	レスト	Week 1	Week 2	Week 3
ウォームアップ, 腹筋					
ライトクリーン	エクスプローシブ	4分	27.0×5	27.0×5	27.0×5
			27.0×5	28.0×5	28.0×5
			27.0×5	27.0×5	29.0×5
				27.0×5	27.0×5
コアボードローテーショナルプッシュアップ	2/0/Exp	1分	×12	×14	×16
			×12	×14	×16
				×14	×16
組み合わせ	2/0/2	1分	×8	×10	×12
ローラーを用いた			×8	×10	×12
スタビリティボールレッグカール				×10	×12
エクスターナルローテーション	2/0/2	1分	3.0×8	3.5×8	4.0×8
トライセット			3.0×8	3.5×8	4.0×8
				3.5×8	4.0×8
臀部のサーキット	2/0/2	1分	×8	×10	×12
(SL, BL, AB, インターナルローテーション)			×8	×10	×12
と			×10	×10	×10
スタンディングチョップ			×10	×10	×10
と一緒に			×10	×10	×10

Exp：エクスプローシブ

プログラムをデザインできることが最終目標である。

次の概念をもとに，プログラムをデザインすることが大切である。

■ 練習は自体重から始める。
■ 技術の向上はまず安定面で始め，それから不安定面へと移行する。
■ 決めた時間内で終了できるようにする。各セットの時間と，レストの時間を考慮する。適切なガイドラインは60分のトレーニングでセットは16〜20セットである。
■ 重要な10個の構成要素すべてか，できるだけたくさんの要素に取り組めるようにする。
■ ボディービルディング，パワーリフティング，オリンピックリフティングのようなストレングススポーツをまねするのではなく，スポーツができる身体へと導くように心がける。ストレングススポーツをまねることは，大きな間違いである。

よいプログラムとは時間と熟考のかかるものである。価値のないエクササイズに時間を無駄にしないよう気をつけて，もっとも価値に見合ったエクササイズを常に追求するようにする。単関節運動は1つの面における1つの関節動作として働くので，ほとんど運動パターンとして機能しない。

ランジやスプリットスクワットなどは片足でのストレングスやバランス，柔軟性を向上させるエクササイズとして有効である。このように，利益が3つもあるようなエクササイズを選択することが鍵となる。

著者

マイケル（マイク）・ボイル　Michael Boyle

Mike Boyleはストレングス＆コンディショニングの分野におけるリーダー的存在である。彼は米国カリフォルニア州CarsonのHome Depot Center内に開設されているAthletes' Performance Los Angelesでディレクターとして勤務している。

現在の勤務先で働く以前に，Mikeは彼自身の会社であるMike Boyle Strength and Conditioningにおいてあらゆる年代のアスリートを対象として，パフォーマンス向上と障害の予防をねらいとしたトレーニングを指導した。彼はまた，ストレングス＆コンディショニングコーチとしてボストン大学において17年間，NHLボストン・ブルインズにおいて10年間活躍した。同時に，NHLだけでなくNFLの選手にもストレングス＆コンディショニングコーチとしてトレーニングを指導した初めて人である。さらに，Mikeは1998年の冬季オリンピックにおいて金メダルを獲得した女子アイスホッケー，アメリカ代表チームのストレングス＆コンディショニングコーチでもある。

ホッケー選手に対するトレーニングで有名になったMikeは現在，北米のプロリーグであるNHL，NFL，NBA，MLB，MLS，WNBAの選手のトレーニングを指導している。

本書の他に８巻のトレーニングビデオを製作しており，それらはMF Athletic（www.performbetter.com）にて購入可能である。

Boyleは現在，カリフォルニア州El Segundoで妻のCynthiaと共に暮らしている。彼のメールアドレスは**mboyle@athletesperformance.com**である。

監訳者

中村 千秋 ATC

早稲田大学スポーツ科学学術院 准教授
順天堂大学体育学部健康学科卒業。順天堂大学大学院体育学研究科修了。
Arizona State University, College of Liberal Arts and Sciences 卒業。
訳書として,「身体運動の機能解剖」(医道の日本社),「ストレングス・ボールトレーニング」(医道の日本社),「エビデンスに基づくインジャリーケア」(NAP)他。

訳　者

渡部 賢一 ATC【1, 2, 3章】

東京ヤクルトスワローズ メディカルディレクター
順天堂大学体育学部健康学科卒業。
Indiana University Bloomington, Graduate Program in Kinesiology, School of Health, Physical Education, and Recreation. 修了。

中井 真吾 PT【4章】

日本学園高等学校バスケットボール部アスレティック・トレーナー
早稲田大学人間科学部スポーツ科学科卒業。早稲田大学大学院人間科学研究科修了。
専門学校社会医学技術学院夜間部理学療法学科卒業

川端 昭彦 ATC【5章】

豊田自動織機シャトルズハイパフォーマンスディレクター
University of Pittsburgh, College of Education 卒業。

加古 円 ATC【6章】

トライ・ワークス アスレティック・トレーナー
Eastern Washington University, College of Education and Human Development 卒業。

木村 通宏 ATC【7, 10章】

オージー技研株式会社 OG Wellness Fieldアスレティック・トレーナー
Oregon State University, College of Health & Human Sciences 卒業。
日本鍼灸理療専門学校,日本柔道整復専門学校卒業。

南舘 倫矢子 ATC【8章】

NECラグビーフットボール部アスレティック・トレーナー
盛岡大学文学部英米文学科卒業。
Oregon State University, College of Health & Human Sciences 卒業。

大木 学 ATC【9章】

トライ・ワークス アスレティック・トレーナー,救急救命士
早稲田大学人間科学部スポーツ科学科卒業。
Western Michigan University, Graduate School of Health, Physical Education, and Recreation 修了。国士舘大学体育学部スポーツ医科学科卒業。

石川 真理【11章】

早稲田大学人間科学部スポーツ科学科卒業。
早稲田大学大学院人間科学研究科修了。

鵜殿 益任 ATC【12章】

トライ・ワークス アスレティック・トレーナー,日本鍼灸理療専門学校
California State University, Long Beach, College of Health & Human Services 卒業。

写真（しゃしん）でわかる　ファンクショナルトレーニング
NDC781/vii,197p/26cm

初版第1刷——2007年6月1日
第5刷——2017年6月20日

著　者——マイケル・ボイル
監訳者——中村千秋（なかむらちあき）
発行者——鈴木一行
発行所——株式会社大修館書店
〒113-8541　東京都文京区湯島2-1-1
電話03-3868-2651（販売部）03-3868-2297（編集部）
振替00190-7-40504
［出版情報］http://www.taishukan.co.jp

装丁——倉田早由美（サンビジネス）
本文デザイン・DTP——サンビジネス
印刷所——文唱堂印刷
製本所——ブロケード

ISBN 978-4-469-26634-4　Printed in Japan